A RECOLONIZAÇÃO DO BRASIL
PELAS CORTES

FUNDAÇÃO EDITORA DA UNESP

Presidente do Conselho Curador
Herman Voorwald

Diretor-Presidente
José Castilho Marques Neto

Editor-Executivo
Jézio Hernani Bomfim Gutierre

Assessor Editorial
Antonio Celso Ferreira

Conselho Editorial Acadêmico
Cláudio Antonio Rabello Coelho
José Roberto Ernandes
Luiz Gonzaga Marchezan
Maria do Rosário Longo Mortatti
Maria Encarnação Beltrão Sposito
Mario Fernando Bolognesi
Paulo César Corrêa Borges
Roberto André Kraenkel
Sérgio Vicente Motta

Editores-Assistentes
Anderson Nobara
Arlete Zebber
Christiane Gradvohl Colas

ANTONIO PENALVES ROCHA

A RECOLONIZAÇÃO DO BRASIL PELAS CORTES
HISTÓRIA DE UMA INVENÇÃO HISTORIOGRÁFICA

© 2008 Editora UNESP

Direitos de publicação reservados à:
Fundação Editora da UNESP (FEU)
Praça da Sé, 108
01001-900 – São Paulo – SP
Tel.: (0xx11) 3242-7171
Fax: (0xx11) 3242-7172
www.editoraunesp.com.br
feu@editora.unesp.br

CIP-Brasil. Catalogação na fonte
Sindicato Nacional dos Editores de Livros, RJ

R571r

Rocha, Antonio Penalves
  A recolonização do Brasil pelas Cortes: História de uma invenção historiográfica / Antonio Penalves Rocha. – São Paulo: Editora UNESP, 2009.
  135p.
  Anexos
  Inclui bibliografia
  ISBN 978-85-7139-933-4

  1. Colonização – Brasil – História. 2. Brasil – História – Período colonial, 1500-1808. 3. Brasil – História – D. João VI, 1808-1821. I. Título.

09-2818.   CDD: 981.033
                                                CDU: 94(81)"1808/1821"

Editora afiliada:

Asociación de Editoriales Universitarias
de América Latina y el Caribe

Associação Brasileira de
Editoras Universitárias

Sumário

Apresentação 7

Introdução 9

I. Recolonização: história do vocábulo e historiografia 15
  1. A recolonização na historiografia do século XIX 21
  2. A recolonização na historiografia do século XX 29

II. A Economia Política no mundo português do início do século XIX 47

III. O projeto das Cortes sobre as relações comerciais entre Portugal e Brasil 63

IV. A divergência entre os portugueses de "ambos os hemisférios" 87
  1. A concepção de prosperidade da "regeneração" 91
  2. A concepção de prosperidade dos paulistas 99

V. Considerações finais 109

VI. Fontes e Bibliografia 121
  1. Fontes 121
  2. Bibliografia 123

VII. Anexos 127
    1. Anexo A 127
    2. Anexo B 131

APRESENTAÇÃO

Este estudo foi originalmente escrito para ser um capítulo de um livro intitulado *A economia política e os dilemas do império luso-brasileiro (1790-1822)*, que, sob a coordenação de José Luís Cardoso, foi publicado em Lisboa pela Comissão Nacional para as Comemorações dos Descobrimentos Portugueses em 2001. Mas, na época, o resultado final do trabalho ultrapassou o espaço que lhe fora reservado, de modo que somente pouco mais de um terço dele veio a lume. Agora, passados oito anos desde a sua redação, o texto completo tem a oportunidade de assumir a forma de uma segunda edição revisada de um livro.

Agradeço aos professores José Luís Cardoso, Marco Antonio Lopes e Antonio Henrique Ré pela leitura dos originais e pelas sugestões que fizeram e particularmente ao professor Adalton Francioso Diniz que, além de discutir o texto comigo, montou as tabelas.

INTRODUÇÃO

O vocábulo "recolonização" foi empregado originalmente para designar a intenção das Cortes portuguesas de restaurar o domínio de Portugal sobre o Brasil, sendo causa de controvérsias desde seu aparecimento. De fato, em 1822, durante a Regência de D. Pedro, esse neologismo apareceu em alguns documentos oficiais para denunciar o sentido das intervenções das Cortes no Brasil, e os deputados portugueses, assim que tiveram conhecimento da denúncia, negaram categoricamente que havia um plano para restabelecer a dominação colonial.

Já na segunda metade do século XIX e na primeira do século XX, escritores brasileiros e portugueses de narrativas históricas lançaram uma pá de cal sobre a controvérsia e deram como líquido e certo que a Independência do Brasil resultara, em última análise, de uma reação ao plano de recolonização das Cortes.

Na segunda metade do século XX, diversos historiadores profissionais reproduziram essa mesma explicação, dando, desta vez, ênfase a questões econômicas, sobretudo aos interesses da burguesia portuguesa de restaurar o estado de coisas anterior à Abertura dos Portos. Aliás, essa representação foi mantida nos livros contemporâneos de síntese de História do Brasil – didáticos e paradidáticos – como se fosse o resultado de um conhecimento acabado e definitivo;

10 ANTONIO PENALVES ROCHA

dessa forma, considerando o papel que exercem na formação escolar, esses livros têm transplantado para a memória nacional a imagem de que os revolucionários portugueses de 1820 pretendiam fazer o Brasil voltar a ser uma colônia, pretensão esta que teria sido o principal motivo da Independência.[1] Porém, no último terço do século XX, a controvérsia foi ressuscitada por alguns trabalhos que, divergindo da corrente principal, consideraram as relações entre Portugal e Brasil como uma questão marginal para a compreensão dos fatos políticos de 1822, e por outros que simplesmente negaram a existência de uma política recolonizadora das Cortes.

De qualquer maneira, a questão da recolonização está longe de ter sido esgotada, razão pela qual merece ser tratada como um problema histórico. Pois, antes de tudo, as fontes históricas não atestam a existência de um plano das Cortes para fazer o Brasil voltar ao que era antes de 1808 e todas as evidências factuais indicam que a recolonização era uma impossibilidade. Além do mais, essas provas e evidências revelam que os atores dos acontecimentos políticos de 1822, tanto os portugueses quanto os brasileiros, tinham plena consciência de que um plano de recolonização do Brasil seria objetivamente inexecutável devido à vigência do Tratado de Navegação e Comércio de 1810, celebrado entre a monarquia portuguesa e a Inglaterra.

Com efeito, qualquer tentativa portuguesa de recolonização do Brasil colidiria com os interesses britânicos, e atritos com a Inglaterra, a principal aliada de Portugal, era do que menos o vintismo[2] preci-

---

1 Um exemplo desse ponto de vista encontra-se num dos mais importantes livros dessa espécie – a *História do Brasil* de Boris Fausto. Segundo o historiador, a Revolução de 1820 "pretendia fazer com que o Brasil voltasse a se subordinar inteiramente a Portugal" (Boris Fausto, 1994, p.130). Como nesse caso, doravante haverá nas notas de rodapé apenas referência ao autor, ao ano da edição do trabalho e à página em que se encontra o texto citado; as referências bibliográficas completas encontram-se em Fontes e Bibliografia, no final do livro.

2 Os dicionários brasileiros contemporâneos não registram o substantivo "vintismo" e o adjetivo "vintista", que são correntes em Portugal. A edição brasileira do *Caldas Aulete*, no entanto, atribui a "vintismo" o significado de "partido, época, influência dos vintistas", e a "vintista" o de "partidário da Revolução de 1820".

A RECOLONIZAÇÃO DO BRASIL PELAS CORTES   11

sava, pois já tinha má reputação numa Europa varrida pela reação conservadora iniciada no Congresso de Viena. Além do mais, caso tentasse fechar os portos brasileiros, Portugal afetaria tantos interesses no Brasil que teria de recorrer às armas para sufocar a inevitável reação, com grandes chances de fracassar devido à sua debilidade econômica e militar. E, como se não bastasse isso tudo, a filha do imperador da Áustria era casada com D. Pedro, e certamente a Santa Aliança não assistiria de braços cruzados a um conflito entre liberais portugueses e herdeiros legítimos do Reino do Brasil. Mais ainda: a decisão de elevar o Brasil a Reino Unido de Portugal havia sido tomada para acomodar a presença do monarca português no Rio de Janeiro ao "legitimismo" do Congresso de Viena.

De todo modo, a inexistência do plano recolonizador reiterado pela historiografia não significa que as Cortes vislumbraram as relações luso-brasileiras como relações entre iguais. Na verdade, elas se empenharam em estabelecer a supremacia política e comercial de Portugal no Brasil, que ocorreria não mais pelo restabelecimento do exclusivo, e sim noutros termos. E esse empenho foi tachado de recolonizador por uma elite política brasileira, que começou a se formar sob a patronagem de D. João VI e que, depois da volta do monarca a Portugal, permaneceu ao redor do príncipe regente. Essa elite incipiente empregou o vocábulo "recolonização" para nomear a tentativa das Cortes de impor a supremacia de Portugal sobre o Brasil, o que desequilibraria a balança de poderes dentro do Reino Unido em benefício da "regeneração", porque não dispunha de nenhuma outra "ferramenta mental" para nomear as intervenções de Portugal nos negócios brasileiros.

De todo modo, o vocábulo tornou-se uma arma política tanto nas Cortes quanto no Brasil.

Nas Cortes, a questão da recolonização provocou um choque frontal entre os deputados brasileiros ligados à elite e os deputados portugueses da vanguarda da "regeneração". Com efeito, se, de um lado, esse grupo brasileiro alegava que os deputados portugueses pretendiam promover a recolonização do Brasil, de outro, os portugueses alegavam que a idéia de recolonização era parte de uma trama

12 ANTONIO PENALVES ROCHA

de políticos brasileiros, urdida particularmente pelos que lideravam o movimento de oposição às Cortes destinado a autenticar ações que visavam separar o Brasil de Portugal. É igualmente impossível comprovar essas últimas alegações com base nas fontes históricas, mas há informações abundantes de que os brasileiros pertencentes à elite em tela efetivamente entreviram e denunciaram a existência de um caráter recolonizador nas disposições das Cortes, no sentido preciso de acusar Lisboa de desrespeitar as prerrogativas do Brasil como Reino Unido de Portugal.

O que importa é que a denúncia da tentativa de recolonização teve efeitos políticos práticos no Brasil. No início de 1822, a acusação de que Lisboa desconsiderava a autonomia do Reino do Brasil serviu para justificar a desobediência às Cortes, como no "Fico"; pouco depois, serviu para apresentar o Portugal vintista como inimigo comum e, por conseguinte, para justificar a criação de um Estado brasileiro independente de Portugal na declaração de 1º de agosto de 1822.[3] Além do mais, entre os usos políticos da denúncia estava implícita uma advertência à maioria das províncias brasileiras, cujos deputados que as representavam em Lisboa não manifestavam abertamente oposição às ingerências das Cortes no Brasil ou então as apoiavam: era preferível a submissão ao Rio de Janeiro que a Lisboa, isto é, dos males o menor.

Em resumo, a noção de recolonização foi criada e veiculada pelo grupo que, a partir de 1822, se tornou politicamente dominante no Brasil ao associar-se a D. Pedro. Seu surgimento teve origem na percepção de que havia uma ameaça à relativa autonomia da parte brasileira do Reino Unido e ela foi usada para fins políticos por esse mesmo grupo.

Depois de 1822, a noção continuou prestando serviços políticos. Na década de 1820, quando se iniciava a edificação do Estado nacional brasileiro, migrou para a narrativa histórica para explicar por que o Brasil havia se tornado um Império independente de Portugal. E assim, a noção de que as Cortes pretendiam recolonizar o Brasil se

---

3 Sobre essa declaração, ver nota 18.

A RECOLONIZAÇÃO DO BRASIL PELAS CORTES 13

metamorfoseou em fato histórico que encontrou abrigo na História do Brasil por um motivo ideológico: explicava a Independência como reação dos brasileiros a um inimigo comum externo, contribuindo, portanto, para justificar a existência do Estado nacional brasileiro. No outro lado do Atlântico, não demorou muito para que a recolonização encontrasse guarida na História de Portugal principalmente porque historiadores brasileiros já a observavam como fato histórico e, de mais a mais, era um bom assunto para a historiografia portuguesa acertar contas com as relações entre liberalismo, desagregação do império e decadência econômica nacional.

* * *

As questões relativas à recolonização serão aqui tratadas na seguinte ordem: será feita uma história do vocábulo "recolonização" e de seus usos oficiais no Brasil para averiguar o significado que foi inicialmente conferido ao neologismo; em seguida, será inventariada e examinada a permanência na historiografia brasileira e estrangeira dos séculos XIX e XX da representação de que as Cortes tinham um plano de recolonização do Brasil, bem como da negação da existência de um plano recolonizador por parte de alguns historiadores nas últimas décadas.

Depois de ter sido efetuado o exame sobre o que se escreveu a respeito da recolonização, serão expostos os resultados de uma pesquisa histórica propriamente dita, que se inicia com um estudo sobre as linhas gerais da difusão da Economia Política no Brasil e em Portugal nos princípios do século XIX. Como historiadores da segunda metade do século XX, que tiveram treinamento acadêmico, puseram as discussões sobre as relações comerciais entre Portugal e Brasil no cerne dos debates entre portugueses e brasileiros, esse capítulo pretende pôr às claras os fundamentos das idéias econômicas tanto da política das Cortes para o Brasil quanto da rejeição dela por um grupo de deputados brasileiros.

No passo seguinte será analisado o projeto que redefiniria as relações comerciais entre Portugal e Brasil parcialmente votado pelas

14 ANTONIO PENALVES ROCHA

Cortes em 1822, pois, de acordo com esses historiadores, o projeto não só continha o plano de recolonização dos deputados portugueses como também arremataria a recolonização.

Finalmente, serão cruzadas as informações dos dois capítulos anteriores num exame sobre as concepções de prosperidade nacional dos principais deputados portugueses e brasileiros que participaram dos debates sobre esse mesmo projeto, pois nesses debates acha-se o pomo da discórdia entre eles; ou seja, os debates permitirão mostrar o motivo da reação de alguns brasileiros às ingerências das Cortes e tipificar a dominação que os deputados portugueses procuravam impor ao Brasil.

Por último, cumpre dizer que só mesmo em benefício da comodidade, e, consequentemente, em prejuízo da precisão, haverá aqui referências a portugueses e brasileiros. Os personagens envolvidos nessas desavenças sobre a recolonização não usavam correntemente o vocábulo "brasileiro". Em vez disso, falavam, se tanto, de "brasilienses", como, por exemplo, fazia o deputado Antonio Carlos Ribeiro de Andrada em seus discursos nas Cortes. Comumente, os deputados tratavam todos de "portugueses de ambos os hemisférios", sem, portanto, diferenciar a nacionalidade portuguesa da brasileira; ou seja, esses homens faziam parte de um mesmo mundo, mas assumiram posições políticas distintas devido às imposições das circunstâncias.

I
RECOLONIZAÇÃO: HISTÓRIA DO VOCÁBULO E HISTORIOGRAFIA

Em 1822, os brasileiros que se opuseram às interferências das Cortes no Brasil, iniciadas no ano anterior, cunharam os neologismos "recolonização" e "recolonizar". Assim sendo, os vocábulos foram criados para denunciar que as interferências do governo português constituído pela Revolução de 1820 desconsideravam as mudanças ocorridas desde a instalação da sede da monarquia portuguesa no Rio de Janeiro, o que parecia ser uma tentativa de restaurar a ordem vigente antes de 1808.

Ausentes na segunda edição do *Diccionario da Língua Portugueza* (1813) de Antonio Moraes Silva, ambas as palavras constam dos dicionários contemporâneos da língua portuguesa, que, a partir da primeira edição brasileira do *Caldas Aulete* (1958), atribuem a "recolonização" o significado de "ação de recolonizar; seu efeito", e a "recolonizar" o sentido de "tornar a colonizar; fazer voltar ao estado colonial". Tanto é assim que o *Aurélio*, desde a primeira até a mais recente edição, o *Michaelis* de 1998 e o *Houaiss* de 2001 praticamente mantiveram os significados dados a elas pelo *Caldas Aulete*. E a força política do vocábulo reside exatamente no que está implícito em seu significado: só se torna a colonizar uma ex-colônia, isto é, a idéia de recolonização pressupunha que o Brasil teria deixado de ser colônia e as Cortes pretendiam restabelecer a antiga ordem.

16 ANTONIO PENALVES ROCHA

Do início de 1822 até a Independência, imprensa, panfletos e documentos oficiais brasileiros denunciaram que certas medidas das Cortes estavam recolonizando o Brasil. Mas essa denúncia não foi feita apenas pelas palavras "recolonização" e "recolonizar"; juntamente com elas foram usadas outras expressões com significados semelhantes, como "reduzir o Brasil à colônia" ou restaurar o "sistema colonial".[4] Para examinar o que esses vocábulos e expressões queriam designar na prática, foram efetuados dois recortes nas fontes históricas: em primeiro lugar, só foi verificada a ocorrência deles nos documentos oficiais, já que estes documentos traduziam, de uma só vez, discurso e ação do poder instituído; em segundo, só foram selecionados os textos em que eles aparecem associados a alguma medida que permita efetivamente compreender o que se queria dizer.

A primeira referência a uma providência das Cortes para reduzir o Brasil à condição de colônia encontra-se na "Fala do juiz de fora José Clemente Pereira, Presidente do Senado da Câmara do Rio de Janeiro", publicada nos primeiros dias de 1822, que imputa ao decreto de 1º de outubro de 1821[5] a tendência a "dividir o Brasil e a desarmá-lo para o reduzir ao antigo estado de colônia, que só

---

4 Há, no entanto, uma única diferença no uso de uma dessas expressões: como se verá, na maioria das vezes, à expressão "reduzir o Brasil à colônia" segue-se uma referência metafórica à escravidão; trata-se certamente da adesão dos brasileiros a um aspecto do que Quentin Skinner denominou "teoria neo-romana dos estados livres": desde Maquiavel considerou-se como servidão pública a sujeição de um corpo político à vontade de um outro Estado em conseqüência da colonização ou conquista. A esse respeito, o mesmo autor citou Richard Price, que em texto de 1778 escreveu: qualquer país "que esteja sujeito à legislação de outro país na qual ele não tenha voz, e sobre o qual ele não tenha controle, não pode ser dito como governado por sua própria vontade. Tal país, portanto, acha-se num estado de escravidão". Quentin Skinner, 1999, p.40s.

5 Na verdade, dois decretos foram promulgados pelas Cortes no dia 1º de outubro de 1821. O decreto referido no documento instaurava um novo regime de governo das províncias, que passariam a ser dirigidas por "governadores de armas" diretamente subordinados a Lisboa; o outro decreto da mesma data ordenava o retorno de D. Pedro à Europa.

A RECOLONIZAÇÃO DO BRASIL PELAS CORTES   17

vis escravos podem tolerar, e nunca um povo livre".[6] Quase ao mesmo tempo, José Bonifácio de Andrada e Silva, que já ocupava o cargo de ministro, afirmou em discurso a D. Pedro que o "projeto da constituição política", aprovado pelos deputados portugueses, aspirava "condenar astuciosamente o Brasil a ser outra vez colônia e a representar o papel de abjeto escravo".[7]

A mesma idéia, traduzida noutros termos, acha-se na "Representação do Senado da Câmara do Rio de Janeiro", de 16 de fevereiro de 1822. Esse documento solicitava a D. João VI, que estava em Portugal, a revogação de dois decretos – o de 1º de outubro de 1821,[8] referente à volta de D. Pedro, e o de 11 de janeiro de 1822 –,[9] porque, por meio deles, "Vossa Majestade tem em vista desunir o Brasil e desarmá-lo, para o reduzir ao antigo estado de colônia".[10]

Para indicar o que ocorreria ao Brasil devido à aplicação das determinações das Cortes, os papéis oficiais empregaram também a expressão "restabelecimento do sistema colonial".[11] No "Manifesto às Nações Amigas", de 6 de agosto de 1822, redigido por José Bonifácio, lê-se que um dos "fins ocultos da apregoada regeneração consistia em restabelecer astutamente o velho sistema colonial". Nesses termos, o autor do texto tentava desculpar os brasileiros de terem-na apoiado num primeiro momento. Tal apoio havia sido fruto

---

6 *Documentos para a História das Cortes Geraes da Nação Portugueza*, 1883, p.291. Doravante, este livro será referido nas notas apenas como *Documentos*.

7 Ibidem, p.300.

8 Ver o primeiro decreto da nota 5.

9 Trata-se de um decreto que determinava o fechamento dos tribunais do Rio de Janeiro, transplantados para esta cidade desde a vinda da Família Real.

10 A propósito, essa Representação não se dirigiu às Cortes, e sim a D. João VI, que residia em Lisboa desde o ano anterior, expressando dessa maneira o não-reconhecimento da autoridade do Soberano Congresso. Esse documento foi reproduzido por A. J. de Mello Moraes, 1982, t.2, p.182.

11 A expressão "sistema colonial" nasceu na Economia Política. Com efeito, os fisiocratas criaram a expressão "sistema das colônias americanas", que passou a ser chamado pelos economistas franceses do início do século XIX, inclusive por Jean-Baptiste Say, de "sistema colonial", conquistando até mesmo um lugar nos textos de José da Silva Lisboa, que o denominou "antigo sistema colonial" nas *Observações sobre o comércio franco...*

18   ANTONIO PENALVES ROCHA

da ingenuidade de suas "almas cândidas e generosas", incapazes de perceber que a "gabada regeneração da monarquia houvesse de começar pelo restabelecimento do odioso sistema colonial".[12] Outro emprego dessa mesma expressão está no "Manifesto de Falmouth",[13] de 20 de outubro de 1822; aliás, esse foi o único texto da época que acusou o projeto que redefiniria as relações comerciais do Reino Unido de "arteiramente soldar os já quebrados ferros do sistema colonial".[14] O primeiro emprego do verbo "recolonizar" registrado em documento oficial está na "Fala da deputação de Minas Gerais a D. Pedro". Nesse texto, ele foi empregado para indicar qual seria o resultado do decreto das Cortes que ordenava o regresso de D. Pedro à Europa – roubaria "a esperança de termos em Vossa Alteza Real um centro comum de união das províncias deste reino"; por isso, essa medida era ofensiva "à alta grandeza e hierarquia de Vossa Alteza Real e aos habitantes deste reino do Brasil", tanto por desprezar a autoridade do Príncipe quanto "por considerar-se o Brasil recolonizado";[15] além do mais, visto que o Brasil tinha autonomia como reino, a partida do Príncipe, juntamente com a extinção dos tribunais, reduziam-no "despoticamente a uma desprezível colônia".[16]

"Recolonizar" reapareceu no decreto de D. Pedro de 1º de agosto de 1822.[17] Esse documento contém, com todas as letras, a declaração da independência, e os contemporâneos observaram-na sob este

---

12 Documentos, p.397.
13 Falmouth é um porto inglês que tinha, desde 1810, uma linha de paquetes que partiam mensalmente para o Brasil. Em 1822, como as Cortes não autorizaram o abandono das funções constituintes, alguns deputados brasileiros fugiram de Portugal e foram para Falmouth, onde lançaram um "Manifesto", assinado, no entanto, apenas por Antonio Carlos Ribeiro de Andrada e Silva e José Ricardo da Costa Aguiar e Andrada.
14 Documentos, p.458.
15 Documentos, p.304-5. Essa "Fala" está anexada a uma carta que D. Pedro enviou a seu pai, em 19 de março de 1822.
16 Ibidem, p.306.
17 Trata-se de decreto que expulsava as tropas portuguesas do Brasil.

A RECOLONIZAÇÃO DO BRASIL PELAS CORTES 19

título,[18] pois informa em sua exposição de motivos "já ter [o Brasil] proclamado a sua independência política, ao ponto de estar legalmente convocada, pelo meu decreto de 3 de julho próximo passado, uma assembléia geral constituinte". Mas, antes dessa afirmação, o documento faz menção ao "errado sistema" das Cortes, "a todas as luzes injusto, de recolonizar o Brasil ainda à força de armas".[19]

O substantivo "recolonização" teve a sua primeira entrada em cena nos documentos oficiais com a "Representação do povo do Rio de Janeiro", de 20 de maio de 1822, que faz um tipo de balanço histórico dos proveitos que Portugal havia obtido com a exploração colonial, da decadência da metrópole e do esforço das Cortes para reerguê-la, construindo "sobre a recolonização do Brasil o desmantelado edifício da sua grandeza".[20]

Em síntese, as expressões "reduzir o Brasil a colônia" ou restaurar o "sistema colonial" e os vocábulos "recolonização" e "recolonizar" não se referem a objetos idênticos. Pelo que se verifica nos textos, dizem respeito à passagem do controle dos governos e dos comandos militares das províncias do Rio de Janeiro para Lisboa ("Fala" de Clemente Pereira) ou à ordem para que D. Pedro voltasse à Europa e à extinção dos tribunais do Rio de Janeiro ("Fala" da deputação de Minas) ou ao "projeto da constituição política" das Cortes (discurso de José Bonifácio) ou a duas dessas medidas ("Representação" do Senado da Câmara) ou ainda ao projeto de relações comerciais (Manifesto de Falmouth).

Além do mais, ao mesmo tempo que designavam medidas particulares, designavam também as intenções de dominação política

---

18 Para os contemporâneos, o "Grito do Ipiranga" não foi o marco divisor de águas das relações entre Brasil e Portugal. Poucos anos depois de 1822, José da Silva Lisboa, autor da primeira história da Independência, confirmava esse fato ao afirmar que o Príncipe declarou "em seus manifestos de 1º e 6 de agosto a independência da Terra de Santa Cruz, quanto a sua privativa representação e legislação nacional, salva a união com Portugal, protestando obediência às leis e ordens do Congresso e Governo português, no que não encontrasse os direitos e interesses do Estado co-irmão". José da Silva Lisboa, 1826, v.2, p.171.

19 *Documentos*, p.389.

20 Ibidem, p.361.

20 ANTONIO PENALVES ROCHA

e econômica das Cortes sobre o Brasil, como as pressões militares (decreto de D. Pedro), como o esforço da "regeneração" para que Portugal recuperasse sua grandeza nacional à custa do Brasil (na Representação do Povo do Rio de Janeiro) e como o móbil da "regeneração" (Manifesto às Nações Amigas).

De qualquer forma, os textos revelam que os mesmos vocábulos e expressões foram empregados principalmente para denunciar os efeitos imediatos da ingerência das Cortes nos negócios políticos, administrativos e militares do Brasil, desrespeitando a condição, que lhe fora concedida, em 1815, de Reino Unido a Portugal e Algarves. Quanto à ingerência econômica das Cortes, a única acusação é a do "Manifesto de Falmouth", que lhe atribuiu a determinação de restabelecer o sistema colonial por meio do projeto de decreto sobre as relações comerciais; esse caso, portanto, difere dos demais, pois, em vez de denunciar uma ingerência propriamente dita, acusa a intenção de um projeto de decreto. O Manifesto, no entanto, não teve repercussão alguma na Independência, visto que foi publicado em 20 de outubro de 1822.

Vê-se também nesses textos que para os políticos brasileiros a recolonização se efetivava em cada medida ou, no máximo, na combinação de duas delas, pois cada medida, ao determinar uma intervenção em particular, pressupunha que o Brasil estava inteiramente subordinado a Portugal. Ou seja, cada denúncia dizia respeito a uma medida recolonizadora imediata ou a duas, e nenhum documento sugere que a recolonização seria o resultado final do conjunto de medidas ou que estivesse em curso um processo cumulativo que progressivamente concretizaria a recolonização no futuro.

Em conseqüência do grande volume de acusações e do conhecimento de que D. Pedro havia convocado uma assembléia constituinte, as Cortes lançaram uma "Proclamação" em 17 de agosto de 1822, que negava com veemência qualquer intenção de submeter novamente o Brasil a um estatuto colonial.

Para contrastar as palavras categóricas dos deputados portugueses com o ponto de vista dos brasileiros, vale a pena reproduzir a conclusão dessa "Proclamação", que se parece com um desabafo:

[Brasileiros:] O título dos vossos direitos é a constituição. Brevemente ela vos será remetida com as necessárias adições; tanto basta para que ninguém ouse jamais persuadir-vos da delirante extravagância de que pretende reduzir a colonos e a escravos quem assim vos deseja constituir, e se uma declaração tão singela e tão franca não é capaz de remover todas as causas da discórdia, e de restabelecer a primeira e não suspeitosa confiança, as Cortes, lamentando a vossa cegueira e a vossa alucinação, ficam ao menos satisfeitas com o ter dado a paz à sua consciência, declarando os seus princípios e manifestando os seus sentimentos.[21]

1. A recolonização na historiografia do século XIX

No início da história do Império, quando os embates pela Independência ainda estavam em brasas, a denúncia de que as medidas das Cortes recolonizavam o Brasil passou do discurso político para a narrativa histórica. José da Silva Lisboa, que novamente atuava como historiador oficial,[22] atendendo desta vez a uma solicitação feita pelo próprio governo, pôs em relevo a recolonização em sua *Historia dos principaes successos politicos do Imperio do Brazil*, publicada em 1826. Importa é que esse livro emprestou à noção de recolonização ares de fato histórico.

Embora Silva Lisboa fosse contemporâneo de Leopold Ranke, cuja *Histórias dos povos latinos e germânicos* foi editada na Alemanha em 1823, a distância mental entre ambos só pode ser medida em anos-luz. Enquanto nesse trabalho Ranke inaugurava a moderna historiografia profissional ao propor que a narrativa do historiador deveria se ater "ao que realmente aconteceu", José da Silva Lisboa

---

21 Ibidem, p.356 e 358.

22 Antes de tornar-se historiador oficial do I Reinado, José da Silva Lisboa já havia desempenhado a mesma função no período joanino, quando escrevera a *Memoria dos beneficios politicos do Governo de el-rey nosso senhor d. João VI* (1818), complementada pela *Synopse da legislação principal do senhor d. João VI pela ordem dos ramos da economia do Estado*.

22 ANTONIO PENALVES ROCHA

tratava a História como um gênero literário destinado ao ensinamento moral, como *magistra vitae*. Sendo assim, para prestar um serviço ao Estado nacional brasileiro em gestação, o livro narra a história do Império nascente tal como o poder constituído realmente queria que ela tivesse acontecido. Por sinal, o envolvimento de Silva Lisboa com o poder constituído foi observado por Oliveira Lima e traduzido para os termos de sua polidez diplomática: "José da Silva Lisboa fazia história de pronunciado sabor cortesão".[23]

Para Silva Lisboa, a Independência resultou de um movimento contra-revolucionário, tendo sido tão-somente a reação brasileira contra o que ele chamou de obra da "cabala maçônica e jacobínica" de Portugal. Ou seja, foi a reação a uma revolução que encarnava o mal, tanto que nascera em 24 de agosto, dia de S. Bartolomeu, um dia aziago em que o diabo está solto e, "por desdita da humanidade", ressuscitara "a hidra da anarquia", quando todas as nações faziam esforços para consolidar "os benefícios da geral pacificação e restabelecer a sua indústria e correspondência amigável".[24] Por isso tudo, ainda segundo o escritor, os brasileiros haviam rejeitado o modelo político do vintismo e feito a independência do Brasil.

As ingerências políticas das Cortes no Brasil, segundo Silva Lisboa, foram obra de uma "cabala antibrasílica", constituída por "deputados demagogos, mui infatuados com orgulho lusitano e furor jacobínico", liderados pelo "ditador Fernandes Tomás", que "afetava liberalismo"; não foi por outra razão que "se desconcertou o seu plano de recolonização do Brasil" com exigência de "atrair El-Rey a Portugal".[25]

Partindo desse princípio, Silva Lisboa mostrou como as Cortes tentaram levar a cabo a recolonização. O Capítulo XXX da *Historia dos principaes successos...*, cujo título é "Desenvolvimento do plano das cortes para a recolonização do Brasil", expõe em ordem cronoló-

---

23 Oliveira Lima, 1922, p.57.
24 José da Silva Lisboa, 1826, v.1, p.11.
25 Ibidem, p.108. É nesta passagem do livro que aparece pela primeira vez o vocábulo "recolonização".

A RECOLONIZAÇÃO DO BRASIL PELAS CORTES   23

gica as medidas por elas tomadas, entre 1821 e 1822, para atingir tal objetivo, e o Capítulo XXXV, intitulado "Decretos da recolonização do Brasil", reproduz os decretos de 1821 das Cortes para o Brasil.

José da Silva Lisboa, portanto, abrigou sob o manto de uma "História" as disposições das Cortes em relação ao Brasil, recorrendo a uma narrativa que dispunha em ordem cronológica as medidas que os políticos denunciaram como as que efetivavam a recolonização, especialmente aquelas colocadas em relevo pelo grupo de paulistas que esteve à frente do movimento de Independência. Ou seja, sua narrativa perspectivou historicamente noções que haviam sido originalmente enunciadas nos dois textos oficiais que marcaram de maneira decisiva a reação dos políticos brasileiros às intervenções das Cortes: a "Representação dirigida à Sua Alteza Real o Príncipe Regente do Brasil pelo Governo, Senado da Câmara e Clero da Província de São Paulo",[26] de 31 de dezembro de 1821, e o "Manifesto às nações amigas". E o futuro Visconde de Cairu alegou a favor de seu arrazoado que essas noções denunciavam respectivamente os "planos de escravidão que lhes [aos brasileiros] preparam os portugueses da Europa" e o "plano absurdo e tirânico" das Cortes.

O projeto que regulava as relações comerciais entre Portugal e Brasil não foi posto em evidência pelo texto de Silva Lisboa, apesar de o autor tê-lo considerado lesivo aos interesses brasileiros uma vez que deixava "os habitantes do Brasil como servos de gleba de Portugal, para só terem suprimento escasso e caro dos produtos desse país, privados em grandes artigos dos variados provimentos estrangeiros"; desse modo, as Cortes tentavam, por meio dele, "roubar o nosso timbre de comunicação direta com todas as partes da Terra e desfrutar, o mais barato possível, os frutos naturais e artificiais de todos os países".[27]

Mas se o plano de recolonização não se revelava às claras no projeto sobre as relações comerciais, podia ser surpreendido em outro

---

26 Por esta "Representação", José Bonifácio foi apresentado a D. Pedro. *Documentos*, p.298.

27 José da Silva Lisboa, op. cit., v.2, p.144.

24 ANTONIO PENALVES ROCHA

conjunto de projetos político-administrativos debatidos nas Cortes no primeiro semestre de 1822; ainda segundo Silva Lisboa,

o caráter do Congresso era a imobilidade em seu projeto de repor este reino no antecedente estado de colônia, perpetuando a tirania da metrópole lusitana pelo suspirado restabelecimento do monopólio do sistema colonial, com o especioso pretexto do jurado sistema constitucional, tendo o centro da unidade no governo de Lisboa, e uniformidade de administração provincial nas Juntas Ultramarinas, ficando na metrópole o Poder Executivo indiviso, sem a menor delegação ao herdeiro da Coroa na Terra de Santa Cruz.[28]

Em resumo, José da Silva Lisboa, como historiador oficial da Independência, adotou a noção de recolonização concebida pelos líderes políticos para designar as diversas intervenções das Cortes no Brasil e, em seguida, a perspectivou numa narrativa. Dessa forma, a descreveu como um plano urdido e, portanto, deu-lhe a feição de um fato histórico que objetivamente podia ser comprovado pelo conjunto das medidas tomadas nas Cortes para "repor este reino no antecedente estado de colônia". Por outro lado, a firme reação do Príncipe Regente e de um grupo político abortou legitimamente o plano, realizando a contra-revolução brasileira à Revolução de 1820.

Pereira da Silva e Varnhagen, os principais historiadores do século XIX que examinaram a Independência, fundamentaram seus escritos nas fontes oficiais e na *Historia dos principaes successos politicos do Imperio do Brazil* de José da Silva Lisboa. Desse modo, fizeram a história pela apropriação tanto do sentido literal do vocábulo "recolonização" encontrado nos documentos quanto da história do plano de recolonização construída por Silva Lisboa; ou seja, voluntária ou involuntariamente, não os submeteram à devida crítica.

J. M. Pereira da Silva arrolou as diversas medidas das Cortes que indicavam até que ponto os deputados portugueses "perseveravam" na pretensão de restaurar a condição colonial do Brasil. Para

---

28 Ibidem, p.139.

A RECOLONIZAÇÃO DO BRASIL PELAS CORTES 25

o escritor, uma das principais provas disso estaria no "Manifesto de Falmouth", no qual os deputados brasileiros "mostram a intenção das Cortes de recolonizar o Brasil".[29] Os seus comentários sobre o motivo da recolonização constituem, no entanto, um caso à parte em relação ao que havia sido escrito até então sobre o assunto, pois foram os primeiros a estabelecer uma ligação entre idéias econômicas e o empenho das Cortes para recolonizar o Brasil. De fato, Pereira da Silva comparou a difusão do conhecimento econômico no mundo português com a que estava em marcha em diversos países europeus nos seguintes termos:

> não eram infelizmente conhecidas então, como deviam ser, as ciências econômicas. Posto que se houvessem publicado alguns escritos do celebrizado bispo de Elvas a respeito de várias questões de comércio e navegação, e diferentes opúsculos de Silva Lisboa, espalhando as doutrinas de Adão (sic) Smith, andavam tanto em Portugal como no Brasil em atraso imperdoável as noções verdadeiras, teóricas e práticas, adotadas em diversas nações da Europa.

Em compensação, os deputados estavam familiarizados com os modernos "princípios sociais e políticos"; mas

> o que não era doutrina abstrata de sistemas governativos não ocupava a atenção dos homens de Estado e dos oradores das Cortes. Assim, posto que a discussão das matérias políticas corresse brilhantemente, e fosse com maestria elucidada nas Cortes, o projeto de relações comerciais não foi explanado como devia ser, e o debate não passou de um campo de recriminações, injúrias ... O projeto foi por fim aprovado pelas Cortes.[30]

Embora este não seja o lugar apropriado para examinar os pressupostos desses comentários de Pereira da Silva, vale a pena salientar que em seu texto as idéias desempenham um papel demiúrgico na

---

29 J. M. Pereira da Silva, 1877, t.3, p.105.
30 Ibidem, p.52.

26 ANTONIO PENALVES ROCHA

história. Pois, simplesmente ao tomar conhecimento das "ciências econômicas", as "diversas nações da Europa" adotaram-nas, ao passo que a ignorância delas em Portugal e no Brasil gerou a aprovação de um projeto que favoreceria a recolonização, como o escritor explicou em outro lugar.

Além do mais, merecem ser igualmente destacados os dados equivocados que apresentou, bem como o erro presente no desfecho de seus comentários: as propostas de reforma do comércio e navegação do bispo de Elvas, José Joaquim da Cunha de Azeredo Coutinho, não refletiam os princípios das "ciências econômicas";[31] os "homens de Estado e oradores das Cortes" mostraram que sabiam muito bem do que falavam ao tratar das relações comerciais luso-brasileiras e, finalmente, o projeto relativo a tais relações jamais chegou a ser aprovado em sua totalidade. Nesses equívocos comprova-se a pertinência de um rótulo dado por Capistrano de Abreu a Pereira da Silva, que o reduziu a "um *cicerone* [grifo do autor] tão descuidado ou tão infiel, que não merece fé", tendo até mesmo narrado uma batalha no sul do Brasil que nunca existiu, bem como "o número de mortos e feridos".[32]

De todo modo, o seu argumento sobre o desconhecimento das "ciências econômicas" foi retomado noutros termos pela historiografia do século XX na concepção de que a "regeneração" portuguesa não aplicou os preceitos do liberalismo econômico ao Brasil. É verdade que as expressões "liberalismo econômico" e "liberalismo político" não faziam sentido quando a *História da fundação do império* foi escrita, já que somente entre os fins do século XIX e início do XX o vocábulo "liberalismo" passou a designar uma doutrina constituída de prescrições políticas e econômicas.

Na década de 1860, "liberalismo" não designava nem doutrina, nem teoria, nem tampouco ideologia, e sim certas práticas "liberais" que se opunham às regulamentações do Antigo Regime. As reformas e revoluções que puseram abaixo o Antigo Regime desativaram essas regulamentações e institucionalizaram, ao longo do século XIX,

---

31 Ver, a propósito, a "Apresentação" de Sérgio Buarque de Holanda, 1966.
32 J. Capistrano de Abreu, 1931, v.1, p.215.

A RECOLONIZAÇÃO DO BRASIL PELAS CORTES 27

essas práticas nos direitos individuais, nos regimes políticos constitucionais e no *laissez-faire, laissez-passer.*

Mas se a opinião do historiador sobre esse assunto fosse anacronicamente transposta para as classificações recentes do liberalismo – liberalismo político e liberalismo econômico –, poder-se-ia dizer que o seu texto associa a aprovação do projeto sobre as relações comerciais ao desconhecimento do liberalismo econômico pelos deputados das Cortes, dado que é unanimemente aceito que essa doutrina foi extraída das "ciências econômicas", isto é, da Economia Política. Ao mesmo tempo, Pereira da Silva admitiu que os deputados tinham conhecimento do liberalismo político, haja vista que estavam familiarizados com os modernos "princípios sociais e políticos".

O que realmente importa é que os comentários de Pereira da Silva inauguraram um novo ponto de vista sobre as relações entre as Cortes e o Brasil, e o raciocínio que o preside foi recuperado e revestido com novos conceitos pelos historiadores do século XX. Aliás, alguns desses historiadores chegaram ao ponto de sugerir que as Cortes, ao mesmo tempo que procuravam instituir uma monarquia liberal em Portugal, praticavam o mercantilismo em suas relações com o Brasil, tanto mais que pretendiam recolonizá-lo.

Em sua *História da Independência do Brasil*, escrita em 1876, mas só publicada quarenta anos mais tarde, Varnhagen usou as mesmas fontes que Pereira da Silva; porém, ao contrário desse último, não demonstrou interesse algum pelas "ciências econômicas". Mesmo assim, admitiu que a recolonização estivera em curso, e na primeira alusão a ela, referente à submissão dos governos das províncias brasileiras a Lisboa instituída por um decreto das Cortes, informou aos leitores o seu débito com a *Historia dos principaes successos...* de Silva Lisboa.

Baseando-se nessa fonte, Varnhagen considerou que nos propósitos desse decreto "patenteavam-se até à evidência as miras de buscar apoio na força armada para recolonizar o Brasil"[33] e, um pouco adiante, referiu-se também aos "planos propostos para o recoloni-

---

33 Francisco Adolfo Varnhagen, s/d, p.99.

28 ANTONIO PENALVES ROCHA

zar".[34] Em duas palavras, a concepção de recolonização do Visconde de Cairu serviu de matriz também para Varnhagen.

Ainda no século XIX, veio a lume a *História do Brasil-Reino e do Brasil-Império* de A. J. de Mello Moraes, cujo mérito indiscutível é o de reunir documentos oficiais do Brasil das primeiras décadas do século. Como publicista que era, Mello Moraes escreveu o livro com uma única intenção: contribuir para a constituição da memória do Estado brasileiro. O resultado disso aparece claramente em sua *História* ..., que em nada se assemelha a uma edição crítica de documentos: a papelada oficial está desordenadamente agrupada e recebe escassos comentários do editor.

De qualquer forma, Mello Moraes também aderiu à idéia de que havia um "plano" das Cortes para recolonizar o Brasil, tal como fora enunciado por Silva Lisboa, e o reconheceu como um fato incontestável; assim, por exemplo, em passagem que trata da "ficada" de D. Pedro lê-se que "a permanência do herdeiro da Coroa no Rio de Janeiro era mau presságio para o bom êxito do plano de recolonização do Brasil".[35]

Em suma, as principais narrativas históricas publicadas sobre a Independência no século XIX mantiveram a informação dos documentos oficiais de que as Cortes haviam tomado medidas recolonizadoras e acrescentaram a ela o "plano de recolonização" construído pela *História dos principaes successos...* de José da Silva Lisboa. É verdade que, diferentemente do ponto de vista de Cairu, nenhum desses trabalhos caracteriza a Independência como uma contra-revolução brasileira, embora aceitem implicitamente que a Independência derivou de uma reação à Revolução de 1820 porque adotaram a idéia de que estava em curso o plano de recolonização do Brasil. Assim sendo, os autores dessas narrativas construíram uma explicação sobre a causa da Independência ao reconhecerem a existência de um plano recolonizador e da reação dos brasileiros a ele, avalizando, portanto, a opinião de Silva Lisboa.

---

34 Ibidem, p.134.
35 A. J. de Mello Moraes, 1982, v.2, p.187.

2. A recolonização na historiografia do século XX

No início do século XX, surgiu um dos mais importantes trabalhos historiográficos sobre a questão em tela – *Os Deputados brasileiros nas Cortes Geraes de 1821*, de M. E. Gomes de Carvalho, publicado em Portugal. A importância do livro reside tanto na pesquisa documental e bibliográfica do autor quanto no minucioso exame que apresenta sobre a política das Cortes em relação ao Brasil.

O próprio autor sugeriu que o móvel de seu trabalho foi o diálogo com o mais consagrado estudo português do século XIX sobre o vintismo – *A Revolução Portuguesa de 1820* de José d'Arriaga. A esse respeito, afirmou que há escritores, como d'Arriaga, que, "arrastados do desejo de tirar às Cortes a responsabilidade da separação, contestam a sinceridade dos representantes americanos e enxergam em todos os seus atos e palavras uma sucessão ininterrompida de perfídias".[36]

Em linhas gerais, d'Arriaga baseou seu ponto de vista sobre a reação de brasileiros à "regeneração" numa idéia que se difundira em Portugal durante o embate político de 1822, claramente enunciada pelo deputado Moura: "o designo de recolonizar o Brasil, imputado ao Congresso, é uma tática dos fautores da independência".[37] Ou seja, d'Arriaga partiu do princípio de que o Brasil era de fato uma colônia, com a qual o vintismo fora extremamente liberal; os deputados brasileiros, mal-agradecidos em relação à liberalidade portuguesa, agiram de má-fé,[38] porque tramavam fazer a Independência; de acordo com o historiador,

---

36 M. E. Gomes de Carvalho, 1912, p.239. Essa afirmação de d'Arriaga, de acordo com Carvalho, encontra-se no v.4, p.42, da *História da Revolução de 1820*.

37 Apud Gomes de Carvalho, 1912, p.371. Para d'Arriaga, "a revolução portuguesa foi liberal, tolerante e generosa em último grau; é um contrassenso admitir-se que ela teve em mente vexar e oprimir o povo do Brasil e tornar-se despótica". José d'Arriaga, 1887, v.3, p.651.

38 O envolvimento passional de José d'Arriaga com o objeto foi de tal ordem que caracterizou o paulista Antonio Carlos Ribeiro de Andrada e Silva, provavelmente o mais combativo deputado brasileiro nas Cortes, como "aliado de pretos e mulatos assassinos" (op. cit., v.4, p.52).

30 ANTONIO PENALVES ROCHA

[o] que mais queriam os brasileiros? Por ventura a Inglaterra, a Espanha, a Holanda, a França concederam em tempo algum às suas colônias as vantagens que Portugal sempre concedeu ao Brasil, e que ora lhe foram dadas com as leis ... e com a Constituição de 1822? Ainda nenhuma nação do mundo, tanto na história antiga, como na moderna, foi mais benigna, generosa e fraternal com as suas possessões do que foi Portugal com o Brasil; é o exemplo único na história, e que nos honra o mais possível. Depois de todas ... concessões, podia-se exigir mais de Portugal? Só se os brasileiros queriam ... que este país, por suas próprias mãos, se reduzisse à colônia brasileira.[39]

Inversamente, Gomes de Carvalho partiu do princípio de que havia de fato um projeto do vintismo de recolonizar o Brasil, por ele chamado de "intuito de recolonização" ou de "reescravização" ou ainda de "desígnio de recolonizar o reino americano". Isso ocorreu, em primeiro lugar, porque importava ao nervo da "regeneração", constituído pelos "interesses dos industriais e comerciantes" e dos "diplomados das universidades", manter a "dependência do ultramar para com a metrópole".[40] Para pôr em prática tal "intuito", os líderes políticos da "regeneração" transformaram as capitanias brasileiras em províncias portuguesas, com base na decisão do Congresso, tomada em 5 de abril de 1821;[41] assim, substituíram o "império por pequenos estados", sob a alegação de que essa providência estava de acordo com as promessas iniciais da revolução de assegurar igualdade entre as partes do Reino Unido.

Quebrada a espinha dorsal do império, as províncias não teriam isoladamente força para confrontar Lisboa, nem tampouco

---

39 Ibidem, v.3, p.646-7.
40 E. M. Gomes de Carvalho, op.cit., p.233.
41 A primeira capitania brasileira a aderir à revolução foi o Pará. No dia 5 de abril de 1821, depois de os deputados terem ouvido um discurso de um estudante paraense, Patroni, talvez a peça retórica mais extravagante da história das Cortes de 1821-1823, Fernandes Tomás propôs a transformação do Pará de capitania do Brasil em província de Portugal, proposta esta unanimemente aprovada. Esse fato inaugurou um procedimento das Cortes em relação ao Brasil que ia de encontro aos fundamentos do Reino Unido.

A RECOLONIZAÇÃO DO BRASIL PELAS CORTES 31

para enfrentar as eventuais pressões de suas vizinhas. O desfecho do projeto ocorreria com a "restauração mais ou menos velada do monopólio comercial", efetuada pelas isenções alfandegárias aos produtos portugueses no Brasil, pois, no fim das contas, o comércio dentro do Reino Unido seria interprovincial, enquanto os produtos europeus seriam pesadamente taxados no Brasil. Ao mesmo tempo, Portugal obteria privilégios fiscais na compra e na revenda de produtos brasileiros, de modo que se tornaria "o empório do comércio da monarquia, ressuscitando o monopólio sem se fecharem os portos da antiga colônia às nações amigas".[42]

Certamente os pontos de vista de Gomes de Carvalho e de d'Arriaga nada tinham que ver com as relações entre a recolonização e a edificação do Estado brasileiro, como Silva Lisboa as apresentara. Em compensação, outra questão nacional estava em pauta no texto de ambos: trata-se da questão nacional portuguesa, o que é trazido à luz pelo exame sobre os erros e acertos do liberalismo em Portugal e sobre a relação entre o desmantelamento do império e a Independência do Brasil. Tanto é assim que nenhum dos dois examinou a questão com isenção de ânimo: se para d'Arriaga os brasileiros revelaram falta de gratidão pelos benefícios que lhes foram concedidos por Portugal, para Gomes de Carvalho os vintistas não compreenderam as particularidades da América portuguesa e tomaram medidas que eram "afrontosas aos brios nacionais" dos brasileiros. E, assim, ambos buscavam soluções para remediar o passado em benefício do futuro.

Enfim, de acordo com Carvalho a ruptura entre Brasil e Portugal não teria ocorrido se os propósitos dos "regeneradores" tivessem contado com o consentimento dos deputados brasileiros, pois "era lícito esperar que, mediante a intervenção destes, a assembléia constituinte decretasse novas resoluções ao gosto dos povos ultramarinos".[43] Por outro lado, para d'Arriaga, não houve erro algum dos portugueses, pois os brasileiros eram inflexíveis e não estavam dispostos a fazer nenhuma concessão, como, por exemplo, no caso do projeto das

---

42 E. M. Gomes de Carvalho, op.cit., p.252.
43 Ibidem, p.241.

32 ANTONIO PENALVES ROCHA

relações comerciais: "o partido separatista das Cortes fez cavalo de batalha daquele projeto em que se pedia aos brasileiros alguns pequenos sacrifícios a favor de Portugal, que até aí não tinha feito senão concessões em benefício do Brasil".[44]

Já os historiadores brasileiros do século XX que lidaram com a Independência se apropriaram do legado historiográfico do século anterior. Desse modo, a grande maioria admitiu a existência de um plano das Cortes para recolonizar o Brasil, haja vista que os historiadores do século XIX já lhe haviam concedido o *status* de fato histórico.

Oliveira Lima pôs em relevo os termos de uma troca desigual proposta pelas Cortes: ao não-reconhecimento da autonomia do reino do Brasil e a um domínio comercial que atingiria o "absoluto monopólio" pela Constituição corresponderia, em contrapartida, uma "fantasmagoria política". Assim sendo, a partir da transformação do Pará em "província de Portugal", ficava claro que o "intuito do constitucionalismo português [era] promover a recolonização, disfarçada ou mesmo franca, capciosa ou mesmo violenta".[45]

Tobias Monteiro viu no decreto de 1º de outubro de 1821 o prosseguimento do "plano recolonizador".[46]

Caio Prado Júnior também admitiu que as Cortes pretendiam recolonizar o Brasil; mas, diferentemente dos outros historiadores, recorreu aos fundamentos do materialismo histórico para examinar essa pretensão. Por esse caminho, seu ponto de partida foi o de que uma das prioridades do "constitucionalismo português" era "reconduzir o Brasil ao antigo regime de colônia",[47] sendo esta "reação recolonizadora", que aliás contava com o apoio dos comerciantes portugueses instalados no Brasil, derivada dos prejuízos causados à economia portuguesa pela Abertura dos Portos e pelos Tratados de 1810. Para enfrentar essa ameaça, as "classes superiores da colônia" usaram D. Pedro como instrumento de suas reivindicações, "atiran-

---

44 José d'Arriaga, 1887, v.3, p.647.
45 Oliveira Lima, 1922, p.68.
46 Tobias Monteiro, 1981, t.1, p.385-6.
47 Caio Prado Júnior, 1972, p.45.

A RECOLONIZAÇÃO DO BRASIL PELAS CORTES 33

do-o na luta contra as Cortes portuguesas e os projetos de recolonização do Brasil".[48]

Octávio Tarquínio de Sousa referiu-se à "obstinada política recolonizadora das Cortes portuguesas", que produzira a "centelha que desencadearia o impulso definitivo da emancipação brasileira".[49] Nos anos 1950, Raymundo Faoro manteve viva a noção de recolonização do Brasil pelas Cortes. De acordo com o autor,

para Portugal, consciente das suas dificuldades, o reino unido deveria ser apenas uma fachada, com o restabelecimento do monopólio do comércio, com a reabertura do mercado exclusivo e com a dissociação do centro de poder em territórios autônomos.[50]

Por esse motivo, as Cortes, depois de levantarem o "véu recolonizador", foram "democráticas com respeito a Portugal e despóticas em relação ao Brasil", fato este que o autor comprova pela publicação dos decretos de 1º de outubro de 1821.[51] E assim, as pressões foram aumentando progressivamente. Não fosse a Independência, as Cortes teriam desferido um golpe final: "seriam votadas as leis econômicas que agrilhoariam o Brasil, recolonizado ao velho reino".[52] Alguns anos depois, Raymundo Faoro voltou ao assunto ao comentar questões relativas à Independência na "Introdução" de uma reedição de alguns panfletos que, em 1822, circularam no Brasil. Desta feita, porém, referiu-se à matéria de outra forma, embora mantivesse, em linhas gerais, o mesmo exame que se encontra em *Os donos do poder*. Considerou que a Revolução de 1820, "financiada e armada pela burguesia comercial", estava determinada a

restaurar a prosperidade perdida [de Portugal], com a subjugação do Brasil, cujo primeiro passo seria a transferência da família real aos velhos paços de Lisboa. Desamparado o Brasil da sede da monar-

---

48 Ibidem, p.47.
49 Octávio Tarquínio de Sousa, 1972, v.I, p.99.
50 Raymundo Faoro, 1975, v.1, p.264.
51 Ibidem, p.268.
52 Ibidem, p.270.

34 ANTONIO PENALVES ROCHA

quia, obedeceria ao governo de Portugal, na revivescência do pacto colonial, com modificações adjetivas, se necessário.[53]

Ambos os textos de Faoro, portanto, não apresentam nada de novo na corrente historiográfica dominante sobre a recolonização, exceto quando o último emprega a expressão "pacto colonial", correntemente usada na historiografia luso-brasileira da segunda metade do século XX para designar "sistema colonial".[54] A propósito,

---

53 Raymundo Faoro, 1973, p.8.

54 Embora a expressão "pacto colonial" esteja ausente dos dicionários da língua portuguesa, a maioria dos historiadores luso-brasileiros a emprega para designar "sistema colonial". Ao que tudo indica, os que a adotaram basearam-se principalmente em duas fontes: no artigo "Colonialism: economic aspects" que D. K. Fieldhouse (1968) escreveu para a *Internacional Encyclopaedia of Social Sciences* e em textos de historiadores franceses que foram bastante apreciados no mundo de língua portuguesa, como Henri Sée, Fréderic Mauro e Jacques Godechot. De qualquer forma, é incorreto atribuir-lhe esse significado. A expressão *"pacte colonial"* foi cunhada nos fins da década de 1820 por proprietários de terra das colônias francesas que pleiteavam o direito de o açúcar das colônias, ameaçado pela concorrência do açúcar de beterraba, exercer o monopólio na França. Por isso mesmo, reivindicavam um *"pacte colonial"*, isto é, a obrigação da França de aceitar que o seu mercado interno fosse monopolizado pelos produtos de suas colônias do mesmo modo que o mercado interno das colônias era monopolizado pelos produtos metropolitanos. E, no fim das contas, o governo francês recusou-se a atender a essa reivindicação. Desde a década de 1850, essa expressão foi combatida pelos economistas franceses. Como atesta o artigo *"pacte colonial"* do *Dictionnaire de L'Économie Politique* (1854), "falta-lhe ... justiça, porque esse regime [colonial] não foi estabelecido em virtude de uma convenção, de um tratado, de um pacto; foi, ao contrário, regulado e imposto por uma única das partes interessadas". No fim do século, o *Nouveau Dictionnaire d'Économie Politique* (1900) reafirmou a impropriedade da expressão: "esse sistema [colonial] nada tem de pacto e não havia acordo entre as duas partes envolvidas". Historiadores franceses contemporâneos, que se dedicaram ao exame do sistema colonial, como J. Tarrade (1972) e Christian Schnakenbourg (1980), mantiveram a mesma crítica à expressão. A propósito, para o último ela estava no seio de uma "nova teoria" sobre as relações entre uma metrópole e suas colônias, desenvolvida na década de 1840. Por isso mesmo, Schnakenbourg (1980, p.83-9) propôs a proscrição da expressão, dado que "ela deforma completamente a natureza política das relações que existem entre uma metrópole *soberana* e colônias *súditas* [grifo do autor], porque tais relações não foram, em caso algum, regidas por um 'pacto', por um contrato sinalagmático, e são por definição desequilibradas".

A RECOLONIZAÇÃO DO BRASIL PELAS CORTES 35

Raymundo Faoro foi o único historiador que se referiu ao intento das Cortes de efetuar a "revivescência do pacto colonial" no Brasil.

A partir do fim da década de 1960, Emília Viotti da Costa deu os contornos definitivos à concepção historiográfica contemporânea da Independência numa série de artigos que enquadrava os fatos relativos ao movimento que levou o Brasil a separar-se de Portugal em uma moldura teórica marxista, destacando, por isso mesmo, as relações entre economia, classes sociais, ideologia e política. As bases desses artigos encontram-se na "Introdução ao estudo da emancipação política do Brasil", de 1968, que informa que D. João VI havia feito concessões liberais ao Brasil, contra as quais se rebelaram os revolucionários portugueses de 1820. Determinada a anular tais medidas, "a revolução liberal do Porto continha, nos seus fundamentos, uma intenção antiliberal",[55] da qual resultaram "atos recolonizadores das Cortes portuguesas"[56] que levaram à "completa e definitiva" formulação da idéia de Independência e à ação política para separar o Brasil de Portugal.

Quanto ao significado desses "atos recolonizadores", Emília Viotti da Costa escreveu, em outro artigo, que "as Cortes intentavam reduzir o país à situação colonial existente antes da transferência da Corte Portuguesa para o Brasil".[57]

Nos anos 1970, a obra de José Honório Rodrigues manteve a recolonização na condição de fator decisivo da Independência, adicionando-lhe fortes condimentos nacionalistas que se revelam em afirmações como, por exemplo, a de que as Cortes "não souberam ser verdadeiramente liberais, não só porque discriminaram contra as aspirações brasileiras, restringiram os direitos do Brasil, pretendendo recolonizá-lo, como ainda criaram a cassação da nacionalidade".[58]

José Honório examinou também os diversos aspectos sociais, econômicos, políticos e ideológicos ligados à "regeneração" para

---

55 Emília Viotti da Costa, 1969, p.82. Os outros artigos referidos são respectivamente de 1972 e de 1977.
56 Ibidem, p.100.
57 Emília Viotti da Costa, 1972, p.120.
58 José Honório Rodrigues, 1975-1976, v.1, p.92.

36 ANTONIO PENALVES ROCHA

mostrar que os "dois fundamentos político-jurídicos da recolonização" foram a transformação das capitanias em províncias portuguesas
e a "doutrina da representação" do Congresso que não reconhecia a
especificidade da representação brasileira, pois todos que lá estavam
presentes, não importa a origem, representavam tão-somente a nação portuguesa. Desse modo, "o predomínio político conduziria à
restauração do monopólio comercial".[59]

Depois de apresentar as intenções do projeto sobre as relações comerciais e os debates em torno dele, Rodrigues fez o desdobramento
lógico dessa proposição ao afirmar que "se o Brasil não se tivesse tornado independente, legítimo seria pensar que a medida odiosa teria
sido imposta e com ela o monopólio comercial e o colonialismo".[60]

Nos anos 1980, Fernando Novais e Carlos Guilherme Mota
deram prosseguimento à mesma tradição historiográfica. Primeiro,
viram no "liberalismo das Cortes" o caminho para "a reconquista da
hegemonia perdida pela burguesia portuguesa junto aos mercados
do Brasil, exclusivo até bem pouco tempo, e a recolonização"; em
seguida, caracterizaram o problema das Cortes como "político", pois
visava ao retorno do rei a Portugal para promover a "recolonização
do Brasil".[61]

Historiadores estrangeiros contemporâneos que lidaram com a
Independência também deram destaque à intenção das Cortes de
recolonizar o Brasil. Russell-Wood escreveu que "os temores brasileiros de que Portugal pretendia reduzir o Brasil ao *status* colonial
anterior eram obviamente bem fundados",[62] e Leslie Bethell considerou que, por trás das medidas liberais das Cortes, havia a "determinação portuguesa de restaurar no Brasil o *status* colonial anterior
a 1808"[63] ou então que mesmo antes da chegada dos deputados
brasileiros a Lisboa, os deputados portugueses tentavam "atrasar o

---

59 Ibidem, p.80.
60 Ibidem, p.127.
61 Fernando Novais e Carlos Guilherme Mota, 1996, p.19 e 44.
62 A. J. R. Russell-Wood, 1975, p.35.
63 Leslie Bethell, 1989, p.180.

A RECOLONIZAÇÃO DO BRASIL PELAS CORTES   37

relógio e reduzir o Brasil ao seu *status* colonial anterior"[64] ou ainda que "barões do açúcar conservadores do Recôncavo se rebelaram contra as tentativas portuguesas de recolonizar o Brasil".[65] Quanto aos historiadores portugueses, dois dos principais estudiosos contemporâneos da Revolução de 1820 destacaram o propósito das Cortes de fazer o Brasil retornar ao estado em que se encontrava antes de 1808.

Piteira Santos afirmou que tal procedimento estaria imbricado na lógica dos interesses dos revolucionários vintistas, e que não havia contradição alguma na ação dos revolucionários para, de uma só vez, retirar Portugal da situação de "colônia de uma colônia" e novamente "reduzir o Brasil à condição de colônia", pois "a burguesia comercial quer dominar o Brasil como mercado, para dele fazer uma extensão do 'mercado nacional'".[66]

Miriam Halpern Pereira, por outro lado, mostrou que, num primeiro momento, os revolucionários pretendiam simplesmente submeter o Brasil e não lhe reservaram "qualquer papel autônomo no processo político liberal". Mas, depois de bater o absolutismo, com o retorno de D. João VI a Portugal, e de sujeitar D. Pedro ao novo regime, as Cortes expuseram "sem disfarce, pela primeira vez, a intenção recolonizadora da sua política" mediante os decretos de 1º de outubro de 1821.[67] Além disso, o projeto de relações comerciais também revelava essa intenção, o que se comprovaria pela denúncia de Antonio Carlos Ribeiro de Andrada de que o projeto visaria "instaurar, por meios indiretos, um regime de exclusivo idêntico ao que vigorava antes de 1808, contra todos os princípios da economia política liberal".[68]

Na conclusão de seu estudo, Miriam Halpern destacou a importância da Independência do Brasil para a "desagregação do campo liberal". Em 1823, depois da Vila-Francada, o golpe de D. João VI

---

64 Ibidem, p.183.
65 Ibidem, p.188.
66 Fernando Piteira Santos, 1980, p.34.
67 Miriam Halpern Pereira, 1979, p.88.
68 Ibidem, p.89.

38 ANTONIO PENALVES ROCHA

que pôs fim à experiência liberal, houve a tentativa de reintegração do Brasil; mas a separação era irreversível, tendo em vista que não correspondia "a um simples conflito pontual, mas a modificações estruturais, tanto da sociedade como do sistema internacional, que haviam tornado caduco o antigo sistema colonial de tipo mercantilista".[69] Nesta última frase, portanto, fica implícito que, para a historiadora, o vintismo teria tentado enquadrar novamente o Brasil no "antigo sistema colonial de tipo mercantilista".

Para fins de um balanço geral dos pontos de vista históricos sobre o assunto em tela, pode-se sinteticamente dizer que, depois de ter sido elevada, no século XIX, à condição de fato histórico, a recolonização se alojou na historiografia do século XX e foi explicada conforme os diversos pressupostos que presidiram os trabalhos dos historiadores.

Mas, acompanhando uma tendência geral das ciências sociais, notadamente a partir da segunda metade do século, os historiadores aderiram à interpretação econômica da história, o que impôs um novo sentido à recolonização: cada uma das ingerências das Cortes no Brasil, que inicialmente foram representadas como recolonizadoras, passaram a ser representadas como meios calculados para efetuar a restauração do estado de coisas vigente nas relações entre Brasil e Portugal antes de 1808.

Noutros termos, nos documentos de 1822, antes citados, a reorganização dos governos provinciais, a exigência da volta de D. Pedro, o fechamento dos tribunais, a recusa das Cortes em instituir uma monarquia dual e o projeto de relações comerciais, isto é, cada uma dessas medidas ou a combinação de duas ou mais, foi retratada como recolonizadora; tanto é assim que, por exemplo, na "Fala da deputação de Minas Gerais a D. Pedro", em que o neologismo "recolonizar" aparece pela primeira vez, o verbo adquire o valor de um advérbio de modo – o Brasil está "recolonizado" com a exigência da volta de D. Pedro à Europa. Isso derivava simplesmente da convicção dos atores políticos de que a ingerência expressava dominação

---

69 Ibidem, p.90.

colonial, isto é, desrespeitava a condição de reino do Brasil. Essa percepção da recolonização pelos protagonistas está atestada no fato de que, a princípio, os mesmos documentos que a ela se referem também protestam contra o desrespeito das Cortes à condição de reino do Brasil ou então exigem o respeito a tal condição.

É verdade que, num segundo momento, a partir da convocação de uma assembléia constituinte por D. Pedro, a noção de recolonização passou a ser empregada para justificar o porquê da desobediência a Lisboa e, daí em diante, para justificar a razão pela qual a separação do Brasil estava em andamento; de qualquer modo, o sentido do vocábulo continuou o mesmo, pois a desobediência e a separação eram atitudes derivadas do não-reconhecimento do Brasil como Reino pelas Cortes.

Para os historiadores do século XX, no entanto, as intervenções pontuais das Cortes no Brasil tornaram-se meios calculados para atingir um fim recolonizador, que se efetivaria mediante um golpe econômico final, com o "monopólio absoluto" ou com o "restabelecimento do monopólio do comércio", com "a reabertura do comércio exclusivo" ou com a "revivescência do pacto colonial" ou com a "restauração do monopólio comercial" ou com a reconquista da "hegemonia perdida... nos mercados" ou ainda com o novo enquadramento do Brasil no "antigo sistema colonial de tipo mercantilista", conforme se pode ler nos textos citados.

Desse modo, esses historiadores deram ao plano de recolonização confeccionado por Silva Lisboa um tipo de elaboração jamais sonhado por seu autor, que, como se viu, nem sequer deu grande destaque ao projeto das relações comerciais. De acordo com o ponto de vista de Cairu, as intervenções das Cortes realizavam a recolonização sob diversos aspectos e podiam ser observadas em ordem cronológica como parte de um plano; já para os historiadores que aderiram à interpretação econômica, a recolonização seria o remate de uma progressão de medidas dispostas na seguinte ordem: controle político-administrativo, controle militar e, finalmente, controle econômico. Dessa forma, os historiadores da segunda metade do século XX inferiram que a recolonização teria derivado de um cálculo racional das Cortes para fazer o Brasil voltar ao que era antes de 1808, pois o domínio político, administrativo e militar teria sido o ponto de partida e o domínio econômico seria o de chegada com reinstituição do "monopólio absoluto" ou com o "restabelecimento do monopólio do comércio", com a "reabertura do comércio exclusivo" etc.

Mesmo percebendo que as evidências históricas mostravam que os contemporâneos da Independência viam recolonização em cada medida ou na combinação de duas ou mais medidas, os historiadores insistiram em afirmar que ela seria o resultado final da progressão das intervenções. Chamou a atenção de Emília Viotti, por exemplo, o fato de que "as decisões [das Cortes] que maior reação provocaram no Brasil foram ... as que atentaram contra a autonomia administrativa";[70] mesmo assim, a historiadora insistiu, em passagem de um artigo de 1972 antes citado, que houve o intento das Cortes de "reduzir o país à situação colonial existente antes da transferência da Corte". José Honório Rodrigues, por outro lado, sacrificou as evidências à previsão do desenrolar lógico dos acontecimentos: "se o Brasil não tivesse se tornado independente, legítimo seria pensar que a medida odiosa [o projeto de relações comerciais] teria sido imposta e com ela o monopólio comercial e o colonialismo".

Certamente por ponderar sobre essas questões mal resolvidas, outros poucos historiadores do século XX que examinaram o mesmo assunto não reconheceram a recolonização como fato histórico e ficaram à margem da corrente principal da historiografia da Independência do Brasil.

Na historiografia portuguesa, já nos anos 1930, Joaquim de Carvalho censurou duramente a política das Cortes em relação ao Brasil, dando destaque ao que, a seu ver, foi um dos erros do Soberano Congresso e sua "norma constante": "a intransigência como símbolo de galhardia moral"; assim, sem fazer referência à recolonização, o historiador afirmou que "o tudo a querer [das Cortes em relação ao Brasil] trouxe o tudo a perder".[71]

---

70 Emília Viotti da Costa, 1969, p.108.
71 Joaquim de Carvalho, 1935, p.111.

A RECOLONIZAÇÃO DO BRASIL PELAS CORTES   41

Na historiografia brasileira, o primeiro historiador que tratou da Independência sem se referir à recolonização foi José Calasans, que se limitou a indicar o esforço feito pelos deputados vintistas para que Portugal voltasse a exercer a dominação econômica sobre o Brasil, porque "a liberdade de comércio, tão útil à prosperidade do Brasil, era um estorvo à "regeneração" econômica".[72] Mesmo citando uma passagem da peroração de Antonio Carlos nos debates sobre o projeto das relações comerciais, na qual o deputado paulista afirmava que o seu artigo 17 restabelecia "indiretamente o odioso exclusivo colonial", Calasans não usou o vocábulo "recolonização", limitando-se a afirmar que "não iria o Brasil aceitar a representação de um papel secundário como aquele que se lhe queria atribuir com o decreto sobre as relações comerciais".[73]

Sérgio Buarque de Holanda também viu as coisas por outro prisma. Seguindo o "modelo francês", a Revolução de 1820 teria instaurado um regime centralizado em Lisboa, "fruto necessário do próprio radicalismo das opiniões vitoriosas". No Rio de Janeiro, esse radicalismo assumiu o "sabor de despotismo" até mesmo entre os liberais, porque

> os clamores cada vez mais estridentes do lado europeu contra tudo o que tenda a entorpecer a obra comum, e contra toda autoridade cujos privilégios não emanem de um claro mandato do povo, e é o caso em particular da autoridade do príncipe regente, que momentaneamente parece encabeçar as aspirações brasileiras, ecoam entre nós, bem ou mal, como se quisessem pura e simplesmente a restauração do estatuto colonial.[74]

Ou seja, para Sérgio Buarque, foi instalado um regime centralizado em Lisboa, e o liberalismo dos portugueses ecoou no Brasil como "restauração do estatuto colonial", o que não quer dizer que o próprio historiador tenha considerado tal restauração como intenção dos revolucionários.

---

72 José Calasans, 1959, p.152.
73 Ibidem, p.155.
74 Sérgio Buarque de Holanda, 1965, p.14.

42 ANTONIO PENALVES ROCHA

Para efeitos de análise da Independência, Maria Odila da Silva Dias relegou a um plano secundário as polêmicas em torno das medidas tomadas pelas Cortes em relação ao Brasil e deu ênfase ao "processo brasileiro [de separação política] já desencadeado com a vinda da Corte em 1808", embora tivesse obviamente observado que a "consumação formal" dessa separação "foi provocada pelas dissidências internas de Portugal, expressas no programa dos revolucionários liberais do Porto".[75]

Da mesma maneira que Sérgio Buarque de Holanda, Kenneth Maxwell também considerou a recolonização uma concepção de brasileiros da época da Independência, pois

> os brasileiros viam cada vez mais nas medidas das Cortes de Lisboa, vigorosamente apoiadas no Brasil pelos odiados comerciantes e imigrantes portugueses, uma tentativa de "recolonização" que faria recuar o relógio treze anos em que o Rio fora formalmente igual a Portugal como parte de um Reino Unido.[76]

Roderick J. Barman foi mais longe. Em crítica panorâmica à historiografia da Independência, usada em seu trabalho como ponto de partida para o desenvolvimento de sua investigação, identificou quatro "premissas" que têm fundamentado a "interpretação nacionalista" da Independência do Brasil; de acordo com a segunda delas, "depois da Revolução do Porto, Portugal começou uma campanha deliberada para 'recolonizar' o Brasil".[77] Nos termos desse enunciado, por um lado, a crítica de Barman deixa a desejar, pois não examina especificamente o emprego da noção de recolonização pelos contemporâneos, principalmente por Silva Lisboa, que certamente nada tem que ver com nacionalismo; por outro, é indiscutível o mérito de seu ponto de vista por ser a primeira denúncia do caráter ideológico de uma explicação consagrada de um episódio da história do Brasil.

---

75 Maria Odila da Silva Dias, 1972, p.165.
76 Kenneth Maxwell, 1986, p.388
77 Roderick J. Barman, 1988, p.66.

A RECOLONIZAÇÃO DO BRASIL PELAS CORTES   43

É verdade que em artigo publicado pela primeira vez em 1981, Valentim Alexandre usou a noção de recolonização para se referir ao efeito no Brasil do decreto de 1º de outubro de 1821 sobre a reorganização do governo das províncias. Segundo o historiador, o nacionalismo cegava os "regeneradores", impossibilitando-os de perceber "a especificidade do povo brasileiro como entidade autônoma" e, por conseguinte, compreender "a verdadeira natureza da opressão colonial". Por isso, não lhes era perceptível o "caráter objetivamente recolonizador" do decreto, que representava "um retrocesso em confronto com a autonomia que as juntas já haviam ganho, por força dos movimentos revolucionários brasileiros".[78]

Mesmo assim, o trabalho de Valentim Alexandre deve ser posto juntamente com os que não reconhecem a recolonização como fato. Pois, em primeiro lugar, a expressão está ausente em seu mais conhecido trabalho – Os sentidos do império –, que alarga e aprofunda o tema do artigo e, em segundo lugar, tanto no artigo quanto no livro, o historiador observou as relações entre as Cortes e o Brasil do ponto de vista ideológico e político, deixando de lado o viés economicista usualmente empregado para o mesmo fim. Desse modo, o resultado da aplicação desses pressupostos inviabiliza a conclusão de que as Cortes pretendiam recolonizar o Brasil.

Concretamente: Valentim Alexandre reconheceu que, em relação ao Brasil, a burguesia comercial e industrial de Lisboa pressionava as Cortes para que promovessem o restabelecimento do "monopólio perdido em 1808, [ou] pelo menos ... a criação de um regime mais favorável do que o existente nas trocas mercantis luso-brasileiras",[79] tal como se vê na Memória[80] apresentada pelos comerciantes e industriais de Lisboa às Cortes. O interesse do "patriotismo mercantil"

---

78 Valentim Alexandre, 2000, p.25.
79 Valentim Alexandre, 1993, p.623.
80 Trata-se da Memória dos Trabalhos da Comissão para o Melhoramento do Comércio nesta Cidade de Lisboa, Criada por Determinação das Cortes Gerais, Extraordinárias e Constituintes da Nação Portuguesa de 28 de agosto de 1821 – composta por 24 membros eleitos por todos os negociantes da mesma praça (1822). Daqui para diante ela será referida nas notas apenas como Memória.

44 ANTONIO PENALVES ROCHA

convergia em alguns pontos com as posições político-ideológicas de Fernandes Tomás, líder dos "regeneradores", que considerava as relações entre Portugal e Brasil de uma perspectiva "integracionista", pois esse grupo aspirava efetuar a integração luso-brasileira sob a hegemonia de Portugal. Tal projeto já havia se transformado em ação política, orientando as Cortes desde que o Pará passou a ser província de Portugal, em abril de 1821, e tinha por fim desmontar o Reino Unido como "uma realidade dual, a união de dois reinos distintos, numa só coroa" para torná-lo "uma única entidade política, de que o Congresso, e já não o monarca, seria a representação e o símbolo".[81] Mas, ao mesmo tempo, havia tensões e pontos divergentes entre os "integracionistas" e o "patriotismo mercantil", o que se pode verificar com a quase ruptura de Lisboa com o Rio de Janeiro logo depois da Revolução de agosto, com os debates parlamentares de 1822, e com famoso "adeus Sr. Brasil" de Fernandes Tomás.

Além disso, com a chegada dos deputados paulistas, o Congresso entrou em contato com outra visão sobre o império, denominada "federalista" pelo historiador, que reivindicava a preservação dos direitos concedidos ao Brasil desde 1808 e a monarquia dual. Os embates provocados pelo radicalismo dos "integracionistas" – de uma só vez nacionalista e liberal quer seja com os deputados portugueses mais identificados com o "patriotismo mercantil", quer seja com os "federalistas" – estão na raiz do desmantelamento do império e, ao fim e ao cabo, do vintismo.

Finalmente, adotando conceitos do trabalho de Valentim Alexandre, como "hegemonia portuguesa" e "política integradora", o estudo de Lúcia Maria Bastos P. Neves é pioneiro na historiografia brasileira por partir do princípio de que "ao contrário do que tem sido sustentado, em geral, pela historiografia, as Cortes não foram instaladas com objetivo específico de recolonizar o Brasil".[82] De acordo com a enunciação desse princípio nesses termos, o problema para a historiadora parece estar nas relações entre instalação das Cortes e

---

81 Valentim Alexandre, 1993, p.551.
82 Lúcia Maria Bastos P. Neves, 1995, p.299.

A RECOLONIZAÇÃO DO BRASIL PELAS CORTES 45

recolonização do Brasil, o que é diferente da questão da existência ou não de uma política recolonizadora das Cortes entre 1821 e 1822. Em todo caso, o seu trabalho é o primeiro a ir abertamente de encontro à análise historiográfica dominante da Independência.

No fim das contas, a mesma diferença que há entre o branco e preto aparece também entre o ponto de vista da corrente historiográfica principal, a que deu vida a um plano recolonizador do Brasil pelas Cortes, e essa última, que negou a existência de tal plano. Mas, nesses termos, parece ter havido um salto da historiografia de um extremo ao outro: da recolonização como "causa" da Independência passou-se a negar a existência de ligações entre recolonização e Independência, num movimento que vai da superestimação à subestimação do interesse das Cortes em dominar o Brasil.

E, nesse salto, esses últimos historiadores correm o risco de desconsiderar que nas medidas das Cortes havia realmente uma intenção de dominação do Brasil em todos os níveis, principalmente no comercial, o que não quer dizer que os deputados portugueses tivessem a pretensão de efetuar a recolonização tal como foi apresentada pela corrente historiográfica principal, e sim tal como os coetâneos a perceberam, como se verá adiante.

II
A Economia Política no mundo português do início do século XIX

Embora os historiadores do século XX tenham posto em relevo os motivos econômicos da suposta tentativa de recolonização do Brasil pelas Cortes, o exame dos fundamentos das idéias econômicas dos grupos políticos que se envolveram nos debates sobre o assunto não tem merecido a mesma atenção. Certamente essas idéias estão inextricavelmente ligadas à Economia Política, que, desde a primeira década do século XIX, já havia conquistado a condição de disciplina nalguns países da Europa. Trata-se, portanto, de verificar como se deu a difusão dos princípios econômicos em Portugal e no Brasil dessa mesma época.

O marco inaugural da difusão da Economia Política na esfera pública do mundo português, com o caráter que ela assumira desde o aparecimento de *A riqueza das nações* de Adam Smith, foi a publicação, em Portugal, em 1804, dos *Princípios de economia política* de José da Silva Lisboa.

Mas os caminhos percorridos por essa difusão e os fins dados aos aspectos doutrinários da Economia Política não foram os mesmos em Portugal e no Brasil.

No Brasil, depois da transferência da Corte para o Rio de Janeiro, a própria monarquia tomou a iniciativa de difundi-la,[83] iniciativa esta

---

83 Ver, a propósito, Antonio Penalves Rocha (1996).

48 ANTONIO PENALVES ROCHA

que não havia tomado anteriormente em Portugal. D. Rodrigo de Sousa Coutinho[84] esteve no controle desse empreendimento, que produziu medidas como a instituição de uma "Aula" de Economia Política no Brasil, o uso de princípios econômicos em documentos oficiais e a autorização à Impressão Régia para a edição de livros sobre a matéria.

A difusão acompanhou a execução de certas providências de política econômica – como, por exemplo, livre comércio, liberdade para as manufaturas –, que visavam adequar a colônia à condição de sede do império e fazê-la prosperar em benefício dos grupos dominantes para assegurar a sustentação social, econômica e política da monarquia no Brasil. De todo modo, a execução das providências foi apresentada como resultante da aplicação de preceitos científicos à atividade governamental, ao mesmo tempo que as idéias econômicas serviam para combater idéias revolucionárias, inspiradas no jacobinismo francês, porque prometiam uma prosperidade a ser alcançada por reformas efetuadas pelo Estado, como na Inglaterra. Mesmo assim, convém lembrar que só nos meados do século XIX o Estado britânico revogou as Leis de Navegação, que vigoravam desde o século XVII, e deixou de controlar o preço dos cereais, que estavam sob a tutela oficial desde o século XVIII.

De fato, pela Carta Régia de 23 de fevereiro de 1808, publicada pouco tempo depois da chegada de D. João à Bahia, a monarquia instituiu uma "Aula" de Economia Política no Brasil e nomeou José da Silva Lisboa para ser seu professor, embora os propósitos do decreto nunca tenham saído do papel. O próprio texto oficial explicava o porquê da sua decretação:

[é] absolutamente necessário o estudo da ciência econômica na presente conjuntura, a que o Brasil oferece melhor ocasião de se pôr em prática muitos dos seus princípios, para que os meus vassalos, sendo mais bem instruídos neles, me possam servir com mais vantagem [e sem a Economia Política] se caminha às cegas e com passos muito lentos e às vezes contrários nas matérias do governo.[85]

---

84 Ver, a propósito, José Luís Cardoso (2001).
85 *Collecção de Leis do Brasil – 1808* (1891).

A RECOLONIZAÇÃO DO BRASIL PELAS CORTES 49

Como a "Aula" só teve vida nas letras da Carta Régia, Silva Lisboa foi nomeado para um cargo de direção na Impressão Régia, que, sob sua orientação, passou a publicar livros de economia. Além de onze livros sobre esses assuntos de autoria do próprio Silva Lisboa, a editora da monarquia publicou também, em 1811, o *Compêndio da obra Riqueza das nações* de Adam Smith – que aliás teve uma segunda edição na Bahia, em 1812, feita por Silva Serpa – e, em 1814, o *Discurso fundamental sobre a população – economia política moderna* de M. Herrenschwand.

Depois da Carta Régia que criou a "Aula", a Economia Política voltou a aparecer em outro texto oficial do mesmo período – a Carta Régia de 7 de março de 1810. Pouco conhecida pelos brasileiros, mas muito bem analisada pelos portugueses desde o começo do século XIX,[86] a Carta procurava demonstrar ao "Clero, Nobreza e Povo" de Portugal a justeza da reorganização econômica do império implementada pela monarquia no Rio de Janeiro, principalmente a Abertura dos Portos e os Tratados de 1810. Segundo os seus próprios termos, tais providências foram necessárias para

elevar a prosperidade daquelas partes do império livres da opressão a fim de achar não só os meios de satisfazer aquela parte dos meus vassalos onde vim estabelecer-me; mais ainda para que eles pudessem concorrer às despesas necessárias para sustentar o lustre e esplendor do trono, e para o segurar contra a invasão de um poderoso inimigo.

Tais iniciativas teriam sido norteadas pelos "princípios mais demonstrados da sã Economia Política, quais o da liberdade e franqueza do comércio" que trariam vantagens aos produtos brasileiros no mercado internacional e promoveriam o "adiantamento na geral cultura e povoação deste vasto território do Brasil". Pois, ainda segundo o mesmo documento, esse modo de agir era "superior ao [do] sistema restrito e mercantil"[87] para impulsionar a prosperidade.

---

86 A primeira análise desta Carta foi feita por Francisco Solano Constâncio, 1819, t.V. Para uma análise contemporânea do documento, ver José Luís Cardoso, 1989, p.199-203.

87 Antonio Delgado Silva (1826).

50 ANTONIO PENALVES ROCHA

De todo modo, a Economia Política foi empregada para legitimar providências destinadas a conformar o Brasil à sua nova condição de sede do império português como comprovam os textos das duas Cartas Régias – a de 1808, que criou a "Aula", e a de 1810, que justificava mudanças econômicas no Brasil. Por isso, ambas foram outorgadas menos de um mês depois da promulgação das duas principais medidas da monarquia em relação ao Brasil – a Abertura dos Portos (28 de janeiro de 1808) e a assinatura dos Tratados de 1810 (19 de fevereiro de 1810). E tanto a "Aula" quanto a Carta Régia tentam legitimar as mudanças com a tradução de noções da Economia Política smithiana.

A "Aula" visava dar instrução em Economia Política aos vassalos para que pudessem servir à Coroa "com mais vantagem", o que quer dizer que ela difundiria os princípios econômicos para promover a prosperidade dos súditos e, por extensão, da monarquia. Assim, vê-se aqui, noutros termos, o que Adam Smith escreveu no início do Livro IV de *A riqueza das nações*: a Economia Política, "como um ramo da ciência de um estadista ou legislador", objetiva enriquecer "tanto os indivíduos como o soberano". Apesar de tratar de outro assunto, a Carta Régia de 1810 repete a mesma idéia – as medidas que estavam sendo tomadas pela monarquia pretendiam favorecer os vassalos em benefício do Estado; além disso, a Carta reproduz também a crítica de Adam Smith ao "sistema mercantil".

Depois da morte de D. Rodrigo de Sousa Coutinho, em 1812, a Economia Política foi adotada por um setor da elite brasileira para a construção de suas concepções sobre a ordem política e social do Brasil. É o que atestam, por exemplo, as *Memórias*, publicadas entre os fins da década de 1810 e início da de 1820, por Antonio José Gonçalves Chaves, João Severiano Maciel da Costa e José Bonifácio Andrada e Silva[88] que dialogam com noções da Economia Política ou a publicação, até os fins da década de 1820, de outros livros de José da Silva Lisboa em editoras particulares ou ainda o propósito

---

88 Ver, a propósito, Antonio Penalves Rocha (1999).

do *Lembranças e apontamentos*[89] de obter autorização das Cortes para a fundação de uma faculdade de economia numa universidade que seria criada em São Paulo.

A importância dada à Economia Política aparecia até mesmo em observações disparatadas. Assim, por exemplo, pela Carta de Lei de 29 de setembro de 1821, as Cortes exigiram que D. Pedro regressasse à Europa, e que, depois de passar por Portugal, viajasse "incógnito nas cortes e reinos da Espanha, França e Inglaterra, sendo acompanhado por pessoas dotadas de Luzes, virtudes e adesão ao sistema constitucional". Mas não foram essas palavras que José Clemente Pereira, presidente do Senado da Câmara do Rio de Janeiro, leu na Carta, tanto que num "Manifesto do Povo", de 29 de dezembro de 1821, escreveu que "... o motivo que as Cortes apresentam para fazerem regressar Sua Alteza Real [D. Pedro] é a necessidade de instrução de economia política ...".

Em 1826, o processo de difusão da Economia Política no Brasil tomou outro rumo, o do início da efetiva institucionalização, pois a primeira Assembléia de Deputados do Império aprovou uma lei que a tornava disciplina obrigatória nas escolas de Direito.

Quanto a Portugal, segundo as observações de Adrien Balbi,[90] um contemporâneo que escreveu um *Ensaio estatístico sobre o Reino de Portugal*... no começo da década de 1820, houve duas fontes de difusão da Economia Política na esfera pública, entre os fins do século XVIII e início do XIX: a primeira foi a Academia Real de Ciências de Lisboa, pelo trabalho dos memorialistas; a segunda, os periódicos portugueses publicados no estrangeiro, alguns em Londres, como o *Correio Braziliense*, o *Investigador Portuguez em Inglaterra*, *O Portuguez*, *O Campeão Portuguez*, e outros em Paris, como o *Observador Lusitano em Paris* e os *Annaes das Sciencias e Letras*. Ainda segundo Balbi, os periódicos veiculavam "muitas visões novas e profundas sobre a aplicação dos princípios da economia política à monarquia portuguesa".[91]

---

89 José Bonifácio de Andrada e Silva (1965). Mais adiante haverá alguns comentários sobre esse texto.

90 Ver, a propósito, Antonio Almodovar, 1995, cap. 5.

91 Adrien Balbi,1822, v.2, p.LXXX.

52 ANTONIO PENALVES ROCHA

Sabe-se hoje, no entanto, que os escritos econômicos da Academia não eram norteados pela Economia Política moderna.[92] Desse modo, e ainda com base na observação de Balbi, pode se dizer que os periódicos portugueses no exílio constituíram as principais fontes de difusão da Economia Política na esfera pública em Portugal. Como não estavam sujeitos à censura, publicavam artigos em que o conhecimento econômico era aplicado ao exame e à crítica dos acontecimentos em curso em Portugal e no Brasil. Além disso, traziam também resenhas e listas de livros de Economia lançados nos respectivos países em que eram publicados, bem como a correspondência recebida do mundo português que, algumas vezes, continha matéria econômica.

Do lançamento dos *Princípios...* de Silva Lisboa, em 1804, até a Revolução de 1820, foram escassas as publicações de livros sobre Economia Política em Portugal, muito embora Francisco Solano Constâncio, redator dos *Annaes das Sciencias, das Artes e das Letras* (1818-1822), tenha conquistado um lugar na história geral da Economia Política ao fazer a primeira tradução para o francês de Ricardo (1819) e Malthus (1820) e ao comentar o texto do último. De qualquer maneira, em Portugal, apenas um único título relativo ao campo da Economia Política veio a lume nesse período – trata-se do *Variedades sobre objectos relativos às Artes, Commercio e Manufacturas, consideradas segundo os princípios da Economia Política*, de José Acúrsio das Neves, cujos dois tomos saíram respectivamente em 1814 e 1817.[93]

Esses dados são suficientes para indicar as diferenças, determinadas pelas diferentes circunstâncias históricas, entre a difusão inicial da Economia Política em Portugal e no Brasil, apesar de ambos pertencerem a um mesmo universo de cultura letrada. Em Portugal, a difusão não emanou de uma única fonte e, sem o apoio da máquina do governo, não assumiu a mesma dimensão que no Brasil, isto é, não conquistou os mesmos espaços que havia conquistado na cultura da elite brasileira.

---

92 Ver, a propósito, José Luís Cardoso (1990; 1987).

93 Sobre a expansão da Economia Política em Portugal, ver Armando Castro (1980) e dois estudos de António Almodovar (1988; 1995).

A RECOLONIZAÇÃO DO BRASIL PELAS CORTES 53

Mais importante ainda: o fim a que se destinava a Economia Política também foi diverso. No Brasil ela foi irradiada pelo Estado para servir a uma monarquia do Antigo Regime que procurava reformar uma colônia a fim de dar-lhe o cariz de sede de um império, enquanto em Portugal foi irradiada por periodistas exilados, ou seja, irradiada como manifestação da crítica de setores da sociedade civil ao Antigo Regime português com a intenção de transformá-lo.

Houve também uma diferença entre os objetivos da irradiação da Economia Política em Portugal e no Brasil determinada pelo quadro histórico. A partir dos fins da primeira década do século XIX, as invasões francesas, a transferência da Família Real para o Brasil, a Abertura dos Portos brasileiros ao comércio internacional e os Tratados de 1810 se consorciaram com antigos problemas estruturais de Portugal e levaram o país ao estiolamento. Dentro desse quadro, emergiu uma reflexão crítica sobre a situação nacional portuguesa, partejando o que Valentim Alexandre chamou de "teorização da decadência".[94] Os periodistas estiveram na vanguarda dessa "teorização" e recorreram à Economia Política não só para diagnosticar a crise, como também para prescrever os meios "científicos" necessários à sua superação. Sendo assim, enquanto no Brasil a Economia Política legitimava um Estado do Antigo Regime, em Portugal procurava deslegitimá-lo ao responsabilizar, em última análise, a monarquia pela situação em que o país se encontrava.

Para ilustrar essa diferença, podem ser tomadas as visões opostas sobre o Tratado de Navegação e Comércio de 1810 dos dois mais notáveis escritores de assuntos econômicos do mundo português da época, o brasileiro José da Silva Lisboa e o português Francisco Solano Constâncio. Aliás, essas visões se encontram em dois textos que têm D. Rodrigo de Sousa Coutinho como personagem principal; no primeiro, o ministro foi posto nas nuvens, ao passo que no segundo foi execrado.

Para Silva Lisboa, o Tratado de Comércio,

---

94 Valentim Alexandre, 1993, p.411 s.

54 ANTONIO PENALVES ROCHA

firmando em perpetuidade um sistema igualmente político e filantrópico, pela consagrada franqueza do comércio daquele continente a todos os estados amigos e pacíficos, parece ter consumado a obra de muitos séculos, completando os votos dos espíritos retos, que aspiram a ver algum dia realizada, pelo menos em alguma parte do globo, a magnífica e bemfazeja teoria da prosperidade das nações...[95]

Em contrapartida, para Solano Constâncio,

o sempre funesto, absurdo e iníquo tratado de comércio feito com a Grã-Bretanha... deu um golpe mortal à nossa já desfalecida indústria e navegação; e que em vez, ao menos, de redundar em benefício da agricultura de Portugal, acabou de lhe causar perdas ainda maiores que as que sofrera pela invasão dos exércitos franceses ... Não só nada se fez a bem da agricultura; mas o sacrifício da indústria, e do comércio, só teve por efeito diminuir o nosso capital flutuante, e dissuadir cada dia mais os ricos pecuniosos de empregar os seus cabedais na árdua e ingrata cultura da terra.[96]

Tal como no Brasil, porém um pouco mais tarde, com a reunião das Cortes[97] em 1821, o Estado acabou tendo papel decisivo na difusão da Economia Política em Portugal. É verdade que houve poucos esforços premeditados das Cortes para difundi-la; mas as alusões que alguns deputados fizeram à Economia Política elevou espontaneamente a sua exposição pública a um grau que jamais tivera. Sua destinação, porém, se manteve na mesma linha de sua difusão: se, num primeiro momento, ela foi usada para fins críticos, com o vintismo tornou-se parte constitutiva dos discursos que protestavam contra o legado de ruínas deixado pelo Antigo Regime, ao mesmo tempo que prestava serviços às operações de guerra dos "regeneradores" contra

---

95 José da Silva Lisboa, 1812, p.75. Há diversos outros textos de José da Silva Lisboa sobre o mesmo Tratado; este foi escolhido por dizer respeito, como o de Solano Constâncio, à figura de D. Rodrigo de Sousa Coutinho.

96 Francisco Solano Constancio, out. 1821, p.102.

97 Ver, a propósito, José Calasans (1959) e António Almodóvar (1995).

A RECOLONIZAÇÃO DO BRASIL PELAS CORTES   55

os então chamados "estorvos", ou seja, contra os resíduos da velha ordem que obstavam a prosperidade.

Em seu levantamento sobre a composição social dos deputados portugueses das Cortes, Fernando Piteira dos Santos mostrou que do total de cem deputados "portugueses da Europa" havia 21 lentes e profissionais liberais, 39 magistrados e juristas e seis médicos.[98] Ou seja, 66 deputados tinham formação universitária e, como era de esperar na Europa do início do século XIX, muitos desses "ilustrados" tinham algum conhecimento da Economia Política.

Tanto era assim que nos debates dos constituintes aparecem freqüentemente referências a conhecidos economistas europeus, como Adam Smith, Jean-Baptiste Say, Jeremy Bentham, Simonde de Sismondi, Malthus, Ricardo, Storch, Ganilh e outros mais. O fato impressionou Balbi e o levou a comentar que "os discursos eloqüentes, plenos de visões profundas, pronunciados por muitos deputados do Congresso, lhes dão o direito de figurar entre os economistas nacionais mais esclarecidos".[99]

Mas, a julgar pelo que ficou registrado no *Diário das Cortes*, eram muito poucos os deputados que levariam até as últimas conseqüências os principais preceitos da Economia Política, e a liderança da Revolução de 1820 de fato a punha sob suspeita.

As Cortes iniciaram suas atividades legislativas e constituintes em 27 de janeiro de 1821; cerca de duas semanas depois, foi apresentado ao plenário um projeto para a criação de três cursos de Economia Política em Portugal – em Lisboa, Coimbra e Porto –, que "usarão o *Catecismo* e o *Tratado* de Say, enquanto não aparecer outro".[100] Os cidadãos que os freqüentassem seriam "preferidos no provimento dos ofícios e empregos públicos" e os que já tivessem esses empregos seriam beneficiados no "adiantamento e remuneração"; além do mais, passados dois anos de vigência da lei, o curso de Economia Política tor-

---

98 Fernando Piteira Santos, 1980, p.90.
99 Adrien Balbi, op.cit., ibidem.
100 Sessão de 10 de fevereiro de 1821, *Diário das Cortes Geraes e Extraordinárias da Nação Portuguesa*. Lisboa, 1821-1822; doravante essa obra será referida apenas como *Diário*.

56   ANTONIO PENALVES ROCHA

nar-se-ia pré-requisito para o acesso à universidade, e o exame desta matéria seria a condição para a obtenção do diploma de bacharel.

O autor do projeto foi João Rodrigues de Brito, que conhecera Silva Lisboa ao exercer a magistratura na Bahia.[101] Aliás, já em 1807, em Parecer que escrevera para atender a uma solicitação do Senado da Câmara da Bahia, exibira a sua atualização nos conhecimentos econômicos pela citação de Baudeau, Sismondi, Smith, Say e Silva Lisboa,[102] além de sugerir aos moradores de Salvador que substituíssem, em benefício da prosperidade, seus livros religiosos pelos tratados de Economia Política: "se em vez de lerem vidas dos Santos, cheias de piedosas fraudes, lessem livros desta ciência sublime, suas despesas se encaminhariam, como na Grã-Bretanha, para os dockes ["docas", em francês] e outras obras patrióticas".[103]

Importa é que em sua exposição de motivos, o projeto apresentado nas Cortes versava sobre a importância da Economia por permitir "conhecer os meios porque se formam e multiplicam as riquezas", seguindo assim, em linhas gerais, a definição de Economia Política de Jean-Baptiste Say[104] que a tinha na conta de uma ciência da riqueza; além disso, repetia uma passagem da Carta Régia que criara a "Aula" no Brasil ao se referir a "conhecimentos ... sem os quais se anda às cegas na marcha do governo".[105]

Ainda no mês de março, foi publicado um Parecer da Comissão de Instrução Pública das Cortes sobre o mesmo projeto. Antes de expor o Parecer propriamente dito, a Comissão relatou que havia recebido outro projeto de ensino público da disciplina, apresentado por Manuel de Almeida, pároco de uma freguesia de Portalegre, que

---

101 Silva Lisboa escreveu que prezava "pela amizade com que me honra suas luzes e caráter ao desembargador João de Brito ... a cuja censura, como de juiz competente, tenho submetido muitas partes principais da minha obra". José da Silva Lisboa, 1956, p.244.

102 F. M. de Goes Calmon (1923).

103 Ibidem, p.125.

104 Ver, a propósito da definição de Economia Política de Say: Du Pont de Nemours, "1ère Lettre – Dupont de Nemours a J.-B. Say" in Eugène Daire (1971), e sobre sua importância na história da Economia, Elie Halévy, 1995, v.2, p.148.

105 Diário, 10 fev. 1821.

A RECOLONIZAÇÃO DO BRASIL PELAS CORTES 57

pretendia abrir um curso nessa cidade e tornar-se o seu professor, sem, contudo, adotar os livros de Say. Afora o projeto do pároco, o texto registra também um pedido de autorização de um cidadão de Lisboa para lecionar a matéria nessa cidade.

Pelo Parecer, a Comissão reconhecia a utilidade do ensino da disciplina, "como o tem sido em outras nações civilizadas da Europa", mas reconhecia também que a novidade da disciplina e a ausência de critérios para avaliar a capacidade dos que se propõem a ensiná-la exigiam prudência do Congresso na concessão das licenças. Isso porque havia um risco envolvido na adoção da obra de Say para o ensino da matéria: os alunos poderiam aderir a "vãs teorias, e a princípios demasiadamente gerais", tentando aplicá-los "indistintamente ao nosso país, sem dar atenção conveniente à situação em que nos achamos". Assim, segundo o Parecer, o aprendizado da Economia seria interditado aos alunos "das primeiras idades" e permitido apenas para "pessoas já adiantadas em vigor de juízo", concluindo daí que não deveria ser pré-requisito para o acesso à universidade, mas sim lecionada nas "diversas faculdades".

De qualquer modo, a Comissão manifestava a vontade de "animar o estudo da Economia Política" e convidava os que se julgassem aptos para exercer o seu magistério a escrever ou traduzir ou resumir um manual "com as ilustrações e aplicações convenientes ao estado público da nossa nação" e, por fim, submetê-lo à avaliação da Comissão; caso fosse aprovado, o autor poderia abrir um curso particular, e os mais destacados professores tornar-se-iam candidatos naturais às cadeiras de Economia Política que seriam implantadas na Universidade de Coimbra, e em outras "cidades mais notáveis do reino".[106]

Resultou desse convite das Cortes o aparecimento de um manual de Economia Política, escrito por Manuel de Almeida, cuja primeira parte foi publicada em 1822. De acordo com o próprio autor, o livro,

em parte, é tradução de escritores estrangeiros, e mesmo cópia de alguns nacionais, e quase em todas as matérias, que eles magis-

---

106 *Diário*, 26 mar. 1821.

58 ANTONIO PENALVES ROCHA

tralmente trataram, não fiz mais do que resumir os dois principais escritores até hoje conhecidos – Smith e Say.[107]

Aliás, a Revolução de 1820 e a reunião das Cortes animaram a publicação de outros livros que tratavam de assuntos econômicos, como os de Antonio Maximiano Dulac, Francisco Soares Franco e José Acúrsio das Neves.[108] Mas, a despeito dos trâmites, pararam por aí os esforços do Congresso para institucionalizar a Economia Política, que só conquistou a condição de disciplina acadêmica em Portugal em 1837, quando se tornou uma Cadeira do curso de Leis da Universidade de Coimbra.

O mais importante de tudo é que os protagonistas da "regeneração" não fundamentaram a política econômica do vintismo com os princípios doutrinários da Economia Política. Não é preciso ir muito longe para se verificar a limitada adesão desses homens a esses princípios: as restrições a eles são transparentes nas opiniões sobre a criação dos cursos dessa mesma matéria, como comprova o Parecer antes citado.

No que diz respeito ao uso desses princípios para a elaboração da legislação, há diversos depoimentos de deputados que revelam o quanto se suspeitava da Economia Política. O debate parlamentar sobre o pedido dos juízes de ofício dos latoeiros para que fosse proibida a importação de produtos similares aos que fabricavam ilustra essa suspeita; nesse caso, João Rodrigues de Brito defendeu a liberdade de comércio, ao passo que Borges Carneiro, um homem da vanguarda da "regeneração", afirmou que

eu não pretendo falar sobre as restrições do comércio em geral. Não creio em livros, creio na muita experiência. Olhemos para Portugal e vejamos os males da importação dos gêneros cereais, aguardentes, etc.; não me importam os livros, importa-me a prática e a experiência.

---

107 Manuel de Almeida, 1993, p.22.
108 Respectivamente, 1820, 1821 e 1820.

Participou desse mesmo debate outro membro do mesmo grupo de Carneiro, o deputado Bettencourt, segundo o qual

> não posso admitir o princípio da Economia Política da quimérica liberdade de importação. França e Inglaterra, duas nações que têm servido de modelo, têm proclamado por alguns autores estes princípios; mas é para as nações incautas e ignorantes a seguirem e para estas lhe consumirem os seus efeitos: pois vemos que a Inglaterra nesta parte do seu governo econômico tem leis proibitivas, e até os trastes de prata que os viajantes estrangeiros levam para os seus usos, os mandam amassar, para lá de novo os mandarem fazer por oficiais ingleses. Então combinam semelhantes procedimentos com as práticas e com as teorias da Economia Política? Quem segue tais teorias não quer o bem da nação;

E ao encerrar o seu discurso, Bettencourt acrescentou:

> os estrangeiros só calculam o seu interesse e não a nossa necessidade. Ponhamo-nos a salvo com providências que nos resgatem da dependência servil dos estrangeiros: sejamos portugueses e teremos do nosso país e da nossa indústria todos os recursos. Mudemos de planos e sigamos o que a experiência nos realiza em utilidade, e não em teorias vãs e estéreis que nos abismarão na pobreza e na desgraça.[109]

Merece registro também outro exemplo: a defesa feita por João Rodrigues de Brito, sem dúvida um dos deputados mais versados em economia, do artigo 17 do projeto que regularia as relações comerciais entre Portugal e Brasil. Segundo o artigo, estariam isentos de taxas de exportação os produtos do Brasil que fossem transportados por navios portugueses, mas pagariam um valor alto se fossem transportados em navios estrangeiros. Rodrigues Brito aceitou o princípio que regularia a letra da lei, mas propôs uma taxa única de exportação de 10%, e os navios de bandeira portuguesa teriam um desconto de 2%.

---

109 *Diário*, 22 mar. 1821.

60   ANTONIO PENALVES ROCHA

Diante de tal defesa, o deputado paulista Antonio Carlos Ribeiro de Andrada expressou sua indignação:

o que me admira porém é que nesse Congresso, assaz iluminado em matéria de economia política, achem ainda protetores de semelhantes direitos, e que entre esses protetores se abalize o Sr. Brito, que tanto alardeia de liberalismo...[110]

Ao que tudo indica, enfim, uma minoria de deputados realmente professava os princípios doutrinários da Economia Política; mas a maioria, filiada à vanguarda da "regeneração", recorria a outros referenciais doutrinários, que, no entanto, diga-se de passagem, nada têm que ver com a legitimação da monarquia absolutista no plano político ou com a adoção integral das práticas mercantilistas no plano econômico. Esses outros referenciais dizem respeito à importância dada pelo vintismo ao princípio do pacto social, que, por sinal, era um princípio avesso aos da Economia Política smithiana, uma vez que, para efeitos de regulação social, ela substituíra o pacto pelo mercado, como se verá mais adiante. De qualquer forma, o mercantilismo estava no substrato desse princípio.

Não bastasse o vigor desse princípio nas Cortes, as análises avançadas por Valentim Alexandre[111] mostram que o vintismo medrou dentro de um contexto nacionalista, isto é, num contexto inibidor para a expansão do cosmopolitismo da Economia Política. Os poucos depoimentos antes citados revelam o quanto o nacionalismo constrangeu essa difusão; no caso do Parecer sobre o ensino de Economia Política, esse constrangimento aparece na adjetivação – "*vãs* teorias, e a princípios demasiadamente *gerais*" [grifo meu] – e na idéia de que a nação está acima das teorias e princípios, que seriam incapazes de dar "atenção conveniente à situação em que nos achamos"; por

---

110 *Diário*, 17 jul. 1822.

111 Sobre a emergência da ideologia nacionalista em Portugal, a partir da segunda metade da década de 1810, ver Valentim Alexandre (2000). O mesmo assunto foi tratado pelo historiador noutros trabalhos (1993; 1998).

A RECOLONIZAÇÃO DO BRASIL PELAS CORTES 61

outro lado, os trechos antes citados dos discursos de Borges Carneiro e Bettencourt são escancaradamente nacionalistas.

Afinal de contas, os interesses conflitantes das duas principais partes do império português dos primeiros anos da década de 1820 orbitaram em torno de questões levantadas pela Economia Política. Os aspectos doutrinários da Economia Política dos brasileiros confirmavam a universalidade beneficente do princípio do *laissez-faire, laissez-passer*, bem como a necessidade de conservar o *status quo* do Reino Unido para fomentar ainda mais a prosperidade, ao passo que os dos portugueses não só recusavam tal universalidade sob o argumento de que a Inglaterra era a sua única beneficiária, como também propunham que o Reino Unido prestasse serviços à "regeneração".

III
O PROJETO DAS CORTES SOBRE AS RELAÇÕES COMERCIAIS ENTRE PORTUGAL E BRASIL

Diversos historiadores do século XX retrataram o projeto que reorganizaria as relações comerciais do Reino Unido como o corolário do processo de recolonização do Brasil pelas Cortes. Em vista disso, cumpre submetê-lo a um exame minucioso para verificar se efetivamente ele preenchia as condições necessárias para restabelecer o exclusivo.

Na sessão de 25 de abril de 1821, o deputado Alves do Rio propôs às Cortes o início das discussões sobre um projeto de decreto que regularia as relações mercantis entre Portugal e Brasil a fim de estreitar a "união dos portugueses de ambos os hemisférios".

Diversos deputados, porém, manifestaram-se contra a discussão daquele assunto naquele momento por motivos "de delicadeza, e bem entendida política", como argumentou o deputado Sarmento, pois os "nossos irmãos brasileiros" ainda não estavam no Congresso; aliás, o remate do discurso desse mesmo deputado parece ter sintetizado a opinião geral das Cortes sobre o caráter inoportuno de tal providência:

> a América inglesa perdeu-se por falta de delicadeza da Inglaterra, e a América espanhola perdeu-se pelo despotismo das Cortes de Cadiz. Este objeto é de muita consideração: devemos atender aos exemplos

64 ANTONIO PENALVES ROCHA

que deixo citados e devemos exceder as outras nações em tudo, assim como as temos excedido nos princípios da nossa regeneração.[112]

No fim das contas, Alves do Rio retirou sua proposta em face do peso dos argumentos contra o encaminhamento do projeto e da opinião majoritária do Congresso a favor do adiamento das discussões. A partir do segundo semestre de 1821, alguns deputados brasileiros começaram a ocupar os seus assentos nas Cortes. Mas a mesma questão somente foi retomada em 4 de janeiro de 1822 com a apresentação de uma Indicação do deputado Bento Pereira do Carmo, que recomendava a formação de uma Comissão para elaborar um projeto que regularia as relações comerciais entre Portugal e Brasil. Quanto à sua composição, a Comissão deveria contar com deputados "membros das Comissões de fazenda e comércio e ... alguns deputados das principais praças do Brasil".

Conforme os termos dessa mesma Indicação, o Congresso já havia concluído o "pacto social ou vínculo político, capaz de reunir numa só vontade a vontade de todos os portugueses". Esse pacto, no entanto, não bastaria para "consolidar a indissolúvel união dos portugueses de ambos os hemisférios"; seria preciso também "pôr em harmonia os interesses e a prosperidade do Brasil com os interesses e a prosperidade de Portugal", cimentando em "bases seguras a indivisibilidade do Reino Unido". Enfim, era chegada a hora de celebrar o "pacto comercial que deve ligar os membros da mesma família".[113]

Ainda de acordo com a Indicação, três fortes razões animavam a celebração desse pacto: primeiro, a iminente recuperação econômica da América espanhola, que aumentaria a oferta de produtos coloniais na Europa, criando dificuldades à venda de produtos brasileiros; segundo, a grave crise da economia portuguesa, que ameaçava diretamente o regime constitucional, dado que, sem compradores, "o sal de nossas marinhas [está] amontoado", e grassa a falta de trabalho

---

112 *Diário*, sessão de 25 de abril de 1821, p.680.
113 O texto da Indicação foi reproduzido na sessão de 15 de março de 1822 do *Diário*, p.508.

com os vinhos que estão "nas adegas sem preço"; terceiro, havia a necessidade urgente de desfazer as

desfavoráveis impressões que os mal-intencionados pretendem acinte gravar nos portugueses do Brasil, insinuando-lhes que as Cortes pretendem reduzir aquele reino ao estado de colônia, como noutro tempo, fechando seus portos aos estrangeiros.

Assim sendo, era tempo de deitar por terra "essas barreiras odiosas que separam um Reino de outro Reino" e de fazer com que "a união política de ambos não seja só em palavras, mas real e verdadeira". E, já que o assunto estava em pauta, o texto da Indicação serviu de pretexto para uma manifestação dos deputados sobre os propósitos das Cortes a respeito do Brasil: "[declaramos] mui franca e lealmente, que seus portos continuam abertos a todas as nações; e que nós só pretendemos aquele favor e preferência que bem cabe a filhos da mesma família sobre estranhos".[114]

Na sessão seguinte, de 5 de janeiro de 1822, o plenário aprovou essa Indicação e nomeou uma Comissão, formada por três deputados portugueses (Braancamp, Alves do Rio e Luiz Monteiro) e dois brasileiros da Bahia (Bandeira e Luís Paulino). Com esses nomes, as Cortes instituíram o que os deputados chamaram de "Comissão Especial", encarregada de estabelecer as normas que regulamentariam as relações comerciais entre Portugal e Brasil.

No dia 10 de janeiro de 1822, quando chegaram a Lisboa notícias sobre sinais de guerra civil na Bahia, foi apresentado ao plenário do Congresso um Parecer da Comissão de Constituição referente à rivalidade entre portugueses brasileiros e portugueses europeus que estava em curso "em muitas partes do Brasil" e tinha a "tendência de se generalizar". Na raiz da rivalidade estaria uma má interpretação das aspirações das Cortes pelos brasileiros, que "receiam ver o país novamente reduzido à classe de colônia".

---

114 Ibidem, p.508-9.

O Parecer foi acatado pelo plenário, que sugeriu providências adequadas às circunstâncias para "fazer conhecer [aos brasileiros] quanto é sem fundamento o receio que eles tinham das nossas intenções". A primeira delas foi o início imediato dos trabalhos destinados à elaboração do projeto de relações comerciais pela Comissão Especial, que deveriam ser tocados "sem levantar a mão", tanto que seus membros foram dispensados de participar das sessões durante o tempo que dedicariam a eles.

Paralelamente ao início dos trabalhos da Comissão, outra comissão, formada por comerciantes de Lisboa, dava os retoques finais em outro trabalho correspondente ao das Cortes, iniciado nos fins de agosto de 1821. De fato, as Cortes haviam aprovado a sugestão da Comissão de Comércio de 28 de agosto de 1821 para que fossem formadas duas comissões "civis" – uma em Lisboa e outra no Porto. Ambas representariam o "corpo do comércio" português e atuariam como órgãos dos comerciantes para "quaisquer representações, ficando geralmente incumbida de examinar e conhecer todos os embaraços, obstáculos e dificuldade que sofre o comércio, e de propor os meios de remediá-los".[115] Assim sendo, foi dado a essas comissões "de fora", como os deputados chamaram-nas, um prazo de três meses para levantar os problemas que afetavam o comércio de Portugal, apresentar sugestões para solucioná-los e relatar isso tudo às Cortes.

Mas o relato dos 24 comerciantes que compunham a comissão de Lisboa só ficou pronto em janeiro de 1822, quando foi apresentado aos deputados na forma da *Memória* anteriormente mencionada;[116] por outro lado, a comissão de negociantes do Porto só publicou os seus *Resultados* em 1823.[117]

---

115 *Diário*, sessão de 28 de agosto de 1821, p.2058.
116 Ver nota 80.
117 Trata-se dos *Resultados dos Trabalhos da Comissão de Comércio da Praça do Porto Criada por Ordem das Cortes Constituintes de 28 de agosto de 1821, acerca dos Estorvos que dificultam o mesmo Comércio, e de Diversos Objetos Que Foi Consultada.* Porto, 1823.

A RECOLONIZAÇÃO DO BRASIL PELAS CORTES 67

Tendo em vista as datas de publicação dos textos, somente o trabalho dos comerciantes de Lisboa fornece matéria-prima para a história do Brasil, uma vez que está diretamente ligado ao projeto do decreto em tela.

No texto que serve de introdução à *Memória*, os comerciantes expuseram um quadro da crise econômica de Portugal e apontaram o Tratado de Comércio de 1810 como o principal dos males; por isso, argumentaram que é nele "que se tropeça a cada momento" quando se observa o estado das atividades produtivas da nação, e o tamanho deste obstáculo é tal que "ainda paralisará a nossa indústria por toda a [sua] duração". Ao lado do Tratado estava o comércio com o Brasil, "de cuja deviação tem procedido grande parte dos nossos males"; a correção de tal desvio, no entanto, devia ser feita pela procura de uma forma de relação que estabelecesse a "mais exata reciprocidade". Assim, propondo-se partir dos "princípios da mais restrita justiça", a comissão dos comerciantes de Lisboa tinha em vista redefinir as relações comerciais com o Brasil com base nos "fundamentos de mútua utilidade".

Para isso, ainda conforme a introdução da *Memória*, os comerciantes ofereceram o mercado português aos "irmãos da América" em troca da obtenção do mercado brasileiro para os produtos lusitanos:

os seus produtos serão exclusivamente consumidos em Portugal, Algarves, ilhas adjacentes e costa ocidental da África; os da cultura de Portugal gozarão no Brasil da mesma preferência [e] todos os gêneros que fossem proibidos num reino o serão igualmente no outro, regulando-se pela mesma e única pauta as suas respectivas alfândegas.[118]

No capítulo da *Memória* dedicado particularmente ao Brasil, os comerciantes condicionaram as "recíprocas vantagens" mercantis ao comércio livre e franco "entre este e aquele reino".[119] Indicaram

---

118 *Memória*, p.9.
119 Ibidem, p.134.

68 ANTONIO PENALVES ROCHA

também os "principais males ou estorvos" desse comércio, e as medidas adequadas para superá-los, sendo estas últimas apresentadas na forma de 23 artigos oferecidos às Cortes, datados de 25 de janeiro de 1822,[120] que reorganizariam o comércio exterior das partes constituintes do Reino Unido.

Antes de examinar as sugestões contidas nesses artigos, convém, para fins comparativos, apresentar o quadro constituído pelos "direitos de entrada" e "direitos de saída" em Portugal e no Brasil, isto é, as taxas de importação, exportação e reexportação que regulavam os fluxos comerciais entre ambos e as de cada um dos reinos com o exterior.[121]

Como o Tratado de Navegação e Comércio de 1810 estava em vigor, os produtos ingleses pagavam 15% *ad valorem* de direito de entrada nos portos de Portugal, Brasil e demais possessões portuguesas. Os produtos estrangeiros, excluídos obviamente os ingleses, pagavam 30% de direito de entrada em Portugal, e os que estavam depositados nas alfândegas portuguesas, aguardando um negócio vantajoso, pagariam uma taxa de 2% quando fossem vendidos, valor este ao qual seria acrescentado o direito de entrada do porto do Reino Unido para onde fossem reexportados. No Brasil, desde 1808, os produtos estrangeiros, em geral, pagavam 24% e os produtos portugueses os mesmos 15% pagos pelos ingleses.[122]

Por outro lado, diversas medidas da monarquia haviam fixado as seguintes taxas de exportação: os produtos que saíam de Portugal pagavam, em geral, 8% sobre o valor, além das despesas com as "mesas de portagem", isto é, com as repartições da Alfândega que cobravam um pedágio; os que saíam do Brasil pagavam, em geral,

---

120 Ver o texto original reproduzido no Anexo A.
121 Esses dados constam na *Memória*, p.136s.
122 Na verdade, com a Abertura dos Portos, os produtos portugueses passaram a pagar 16% no Brasil. Mas a partir do alvará de 2 de maio de 1818, a taxa teve uma redução de 1%. Por esse mesmo alvará, os produtos manufaturados portugueses gozaram de uma redução de 5% de entrada no Brasil, redução esta que também incidiu sobre produtos estrangeiros transportados em navios portugueses. A propósito do mesmo alvará, ver Oliveira Lima, 1945, v.2, p.427-8.

2% sobre o valor, exceto dois produtos, cujos impostos de exportação foram determinados por um valor monetário preestabelecido, a saber: o açúcar (30 r. por arroba de açúcar branco e 60 r. por arroba de açúcar mascavo) e o algodão (600 r. por arroba). Além disso, incidia um imposto de 2% sobre moeda estrangeira ou metais preciosos que saíssem de Portugal, os quais pagariam 1% para entrar no Brasil.

Caso o projeto dos comerciantes de Lisboa fosse integralmente posto em prática, haveria uma reorganização desse quadro, que assumiria a seguinte configuração: o comércio entre Portugal e Brasil transformar-se-ia num comércio de cabotagem, pois seria um comércio entre portos de uma mesma nação (art. I), ficaria reservado exclusivamente a navios portugueses (art. II), cujas cargas estariam isentas das taxas de exportação (art. III) e o ouro e a prata circulariam sem tributação (art. IV).

Quanto à importação, os produtos estrangeiros, afora os ingleses, passariam a pagar um mesmo valor não indicado pela *Memória*, que deveria ser fixado pelas Cortes (art. VI); os que fossem proibidos em Portugal também seriam proibidos no Brasil (art. XIII) e os direitos de entrada seriam os mesmos nos dois reinos (art. VIII). Se, no entanto, produtos estrangeiros viessem "em diretura" de um país qualquer para qualquer porto do Reino Unido em navios portugueses (art. VII), pagariam um terço a menos de direito de entrada.

Assim, supondo que o direito de entrada fosse unificado em 24%, visto que esse valor não fora estipulado no art. VI, um produto europeu, transportado diretamente de um país estrangeiro em navio português e desembarcado em qualquer porto do Reino Unido, pagaria 16% (menos um terço de 24%), exceto, é claro, os produtos ingleses, cujas taxas eram reguladas pelo Tratado de Comércio de 1810. Além disso, uma vez que esse produto estivesse dentro do circuito comercial português, depois de ter pago o direito de entrada em qualquer de seus portos, não mais pagaria a taxa de saída (art. IX).

Os produtos estrangeiros depositados nas alfândegas de Portugal ou do Brasil pagariam 1% (art. XI) de reexportação; caso a reexportação para outras partes do Reino Unido fosse feita em navio português, os produtos pagariam dois quintos do direito de entrada em

70 ANTONIO PENALVES ROCHA

vigor para produtos vindos diretamente do estrangeiro (art. XII).
Ou seja, supondo que um comerciante estrangeiro, para tentar obter
preço conveniente, tivesse depositado um carregamento qualquer na
alfândega de Lisboa e, em seguida, o tivesse vendido para ser reexportado para o Brasil, teria inicialmente de pagar a taxa de reexportação de Portugal (1%); supondo também que esse mesmo carregamento fosse transportado em navio português para o Rio de Janeiro,
não pagaria os hipotéticos 24% de entrada no porto brasileiro, mas
apenas 9,6% (dois quintos de 24%) que somados ao 1% pago em
Portugal totalizariam um tributo de 10,6%, ou seja, um tributo 4,4%
menor que o pago pelos produtos ingleses que vinham diretamente
da Inglaterra para o Brasil. O mesmo critério se aplicaria para o
produto estrangeiro que estivesse depositado nalguma alfândega
brasileira e fosse enviado a Portugal. Finalmente, para fins protecio-
nistas, os direitos de entrada de produtos do Reino Unido seriam
estipulados de acordo com a natureza do produto (art. V).

Quanto à exportação, os produtos brasileiros depositados nalguma alfândega de Portugal ou os produtos portugueses nalguma
do Brasil pagariam apenas 1% se saíssem de um desses portos para
o estrangeiro (art. XV); contudo, se saíssem "em diretura" do Brasil
para o estrangeiro, seus direitos estariam sujeitos a uma tabela ela-
borada pelos comerciantes (art. XIV).

Havia também outras disposições que não diziam respeito a
"direitos", embora visassem também favorecer o comércio português: o artigo XVI estipulava o franqueamento dos negócios dos
gêneros estancados (pau-brasil, urzela, marfim e diamantes), os artigos XVII e XVIII determinavam o fim do contrato do tabaco e o
artigo XXIII estabelecia o livre comércio de pólvora portuguesa no
Reino Unido.

As demais sugestões destinavam-se a racionalizar o comércio:
supressão das guias de alfândega (art. X), unificação dos pesos e
medidas (art. XIX), melhor acondicionamento do algodão e do tabaco
(art. XX), responsabilização das Mesas de Inspeção do Brasil pelos
pesos e falsificações (art. XXI) e classificação do açúcar e do tabaco
em tipos (art. XXII).

A RECOLONIZAÇÃO DO BRASIL PELAS CORTES 71

A Comissão Especial das Cortes baseou-se nessas sugestões da comissão dos comerciantes de Lisboa desde que principiou o seu trabalho. E, depois de pouco mais de dois meses, a 15 de março de 1822, apresentou ao plenário um projeto de decreto das relações comerciais que continha 25 artigos.

De saída, a Comissão declarava que as Cortes haviam solicitado "informações e a opinião da comissão para o melhoramento do comércio estabelecida em Lisboa", nas quais constam os "principais males e estorvos" que obstam o comércio entre Portugal e o Brasil e "os meios de os remover e quais são, ao mesmo tempo, as bases sobre que se devem fixar as relações comerciais entre os dois Reinos". Tudo somado, a Comissão Especial "marchou pelo exame e análise do sistema" proposto pelos comerciantes.[123] Além disso, ponderou que, formando as partes envolvidas "um e mesmo Reino Unido", a "base essencial" sobre a qual repousava o projeto era "a reciprocidade e a mais perfeita igualdade, conforme a qual um deles devia unicamente receber para seu consumo os produtos principais da agricultura do outro, com absoluta denegação de estrangeiros da mesma natureza".

Os artigos do projeto de decreto[124] foram debatidos pelos deputados em oito sessões que ocorreram entre 1º de abril e 26 de setembro de 1822, e a maioria dos debates foi registrada pelo *Diário das Cortes*.[125]

---

123 *Diário*, sessão de 15 de março de 1822, p.506.
124 Ver o texto original reproduzido no Anexo B.
125 As sessões, todas durante o ano de 1822, registradas pelo *Diário* ocorreram em: 1º de abril, 9 de abril, 15 de abril, 27 de abril, 17 de junho e 26 de setembro. Não há, contudo, o registro completo dos debates das sessões de 13 de maio (sem nenhuma justificativa sobre o motivo dessa ausência) e de 14 de maio (em virtude da saída do taquígrafo). Além disso, a Comissão Especial teria apresentado os resultados do trabalho de reformulação de diversos artigos na sessão de 14 de setembro, informação esta que se encontra registrada na sessão de 26 de setembro; mas não há referência alguma a ela nas páginas que reproduzem os trabalhos dos deputados na sessão de 14 de setembro. Cabe, por fim, destacar que a interrupção dos debates entre 14 de maio e 17 de junho foi decorrente do agravamento da "questão brasileira", que absorveu todas as atenções dos deputados.

Alguns artigos foram suprimidos durante os debates: na sessão de 15 de abril de 1822 foram suprimidos os artigos 5º e 6º e na de 14 de maio de 1822, o 15º. A celeuma em torno de outros foi de tal ordem que jamais foram votados, como os 17º e 20º, que voltaram à Comissão para nova redação na última sessão dedicada pelas Cortes à questão, em 26 de setembro de 1822. Os demais foram aprovados, alguns com restrições, outros com adendos. Mas, devido à independência do Brasil, o projeto foi arquivado antes mesmo de seu arremate. De qualquer maneira, como os próprios deputados da Comissão Especial haviam declarado, o grosso das sugestões da comissão dos comerciantes de Lisboa foi acatado. Houve também, como era de esperar, retoques na linguagem para efeitos de concisão, reordenação do texto para dar destaque à prometida reciprocidade e umas poucas mudanças de conteúdo.

Conforme o que havia sido estipulado pelos comerciantes de Lisboa, o projeto daria a seguinte configuração ao comércio do Reino Unido: todas as relações mercantis entre Brasil e Portugal passavam a ser as de uma mesma nação num mesmo continente (art. 1º), ficando reservado somente aos navios portugueses (art. 2º) e um tributo de 1% de direito de saída incidiria sobre as mercadorias que circulariam dentro do Reino Unido (art. 3º).

Pelo princípio da reciprocidade, o mercado português ficaria reservado aos principais produtos do Brasil; igualmente, o mercado brasileiro ficaria reservado aos de Portugal. Ou seja, estaria proibida a entrada em Portugal de açúcar, tabaco, algodão, café, cacau e aguardente provenientes de outras partes do mundo tropical, valendo a mesma regra para o arroz dentro de um limite prefixado de preço (art. 7º); os demais produtos brasileiros continuariam a pagar os direitos vigentes, e os similares a eles, provenientes de outros lugares, pagariam o dobro (art. 8º). Em contrapartida, estaria proibida a entrada no Brasil de vinho, vinagre, aguardente de vinho e sal que não fossem produzidos em Portugal, e a entrada do azeite português no Brasil estaria sujeita à mesma regra que a entrada do arroz brasileiro em Portugal (art. 9º); os demais produtos portugueses continuariam a pagar os direitos vigentes, e os similares aos portugueses importados do estrangeiro pagariam o dobro (art. 10º).

A RECOLONIZAÇÃO DO BRASIL PELAS CORTES 73

Ainda seguindo o princípio de reciprocidade, os produtos manufaturados portugueses não pagariam direitos de entrada no Brasil; caso os similares aqui produzidos estivessem sujeitos a um imposto de consumo, o mesmo imposto incidiria também sobre os provenientes de Portugal (art. 11º), e esse mesmo critério valeria para os produtos brasileiros em Portugal (art. 12º). Seria admitida a entrada de produtos estrangeiros no Brasil; contudo, se fossem proibidos em Portugal pagariam 30% de direito de entrada (art. 13º), e os valores das alíquotas de importação dos produtos estrangeiros seriam iguais nos dois países (art. 14º).

Os produtos estrangeiros que tivessem pago os direitos de entrada em qualquer porto do circuito comercial do Reino Unido ficariam isentos de direitos de saída (art. 16º). Os produtos brasileiros exportados em navio português diretamente para Portugal ou para o estrangeiro nada pagariam de direito de saída; se, no entanto, fossem exportados em navio estrangeiro haveria uma taxação *ad valorem* específica para cada produto: o algodão pagaria 10% e o açúcar 6%; por outro lado, a saída de aguardente ficaria livre de tributação (art. 17º). Mas se esses produtos estivessem depositados nas alfândegas de Portugal, pagariam 1% se fossem reexportados em navios do Reino Unido e 2% em estrangeiros, valendo reciprocamente o mesmo para produtos portugueses no Brasil (art. 18º).

Além disso, o projeto extinguia o contrato do tabaco e submetia o produto, na "futura arrematação", ao mesmo critério aplicado para a reexportação do algodão e do açúcar (art. 20º), limitava o desembarque de navios estrangeiros no Brasil aos portos de livre entrada (art. 22º), onde juntas administrativas deveriam cobrar os direitos e fiscalizar "os descaminhos e contrabandos" (art. 21º), listava os portos que deveriam ter alfândegas e "casas fiscais" (art. 23º) e admitia igualar outros portos a estes últimos (art. 25º).

Passando todos esses números para tabelas, fica mais clara a comparação do quadro de tributos que regia as relações comerciais em 1822 com o quadro que deveria regê-las de acordo com os projetos apresentados tanto pelos comerciantes de Lisboa quanto pela Comissão Especial das Cortes.

74 ANTONIO PENALVES ROCHA

Tabela I – Tributação dos produtos importados pelo Brasil em porcentagem

	Antes de 1822	Proposta dos comerciantes		Proposta dos deputados	
		NE	NP	NE	NP
Importação diretamente de fora do Reino Unido	24%	24%	16%[126]	24% a 30%[127]	16% a 20%[128]
Importação de fora do Reino Unido via Portugal	26%[129]	25%[130]	10,6%[131]	28% a 34%[132]	17% a 21%[133]
Produtos ingleses	15%	15%		15%	
Produtos portugueses	23%[134]	inadmissível	DE+1%[135]	inadmissível	1%

Legenda
NE – Transporte em Navio Estrangeiro
NP – Transporte em Navio Português
DE – Direito de Entrada a ser estipulado visando ao desenvolvimento da indústria nacional
Observações: para tornar possível a comparação, supôs-se que os direitos de entrada seriam unificados em 24% no Reino Unido, dado que tanto a comissão "de fora" quanto a Comissão especial propuseram tal unificação sem, contudo, estipular a alíquota do tributo. Além disso, a comissão "de fora" propôs que os produtos estrangeiros proibidos em Portugal também fossem proibidos no Brasil, ao passo que a Comissão especial aceitou a admissão deles no Brasil mediante o pagamento de uma alíquota de 30%. Finalmente, a tributação da moeda e metais preciosos foi desconsiderada na coluna "antes".

---

126 Dois terços do direito de entrada no Brasil.
127 Supostos 24% do direito de entrada, e 30% para os manufaturados não admitidos em Portugal.
128 Dois terços do direito de entrada no Brasil estipulado pelo art. 15º que, no entanto, foi suprimido na sessão de 14 de maio de 1822.
129 24% de direito de entrada no Brasil e mais 2% de tributo de reexportação em Portugal.
130 24% de direito de entrada no Brasil e mais 1% de tributo de reexportação em Portugal.
131 Dois quintos de direito de entrada no Brasil e mais 1% de tributo de reexportação em Portugal.
132 Direito de entrada no Brasil e mais 4% de tributo de reexportação em Portugal.
133 Dois terços do direito de entrada no Brasil e mais 1% de reexportação em Portugal.
134 15% de direito de entrada no Brasil e mais 8% de direito de exportação em Portugal.
135 Direito de entrada no Brasil e mais 1% de exportação em Portugal.

A RECOLONIZAÇÃO DO BRASIL PELAS CORTES   75

Tabela II – Tributação de produtos exportados pelo Brasil em porcentagem

	Antes de 1822	Proposta dos comerciantes		Proposta dos deputados	
		NE	NP	NE	NP
Exportação para o Reino Unido	2%[136]	inadmissível	1%	inadmissível	1%
Exportação de fora do Reino Unido via Portugal	4%[137]	porcentual de Tabela + 1%		3%[138]	2%[139]
Exportação diretamente para fora do Reino Unido	15%	porcentual de Tabela		DS	1%

Legenda:
NE – Transporte em Navio Estrangeiro
NP – Transporte em Navio Português
DS – Direito de Saída que, segundo a proposta original do projeto, estabelece apenas 10% para o algodão e 6% para o açúcar

Para examinar o projeto das Cortes de reorganização das relações comerciais entre Portugal e Brasil com base nos dados contidos nas Tabelas I e II, convém pôr em foco, por ora, somente o projeto da Comissão Especial, haja vista que ele tomou as propostas dos comerciantes de Lisboa, expostas na *Memória*, como marco referencial.

Quanto à regulamentação das importações brasileiras, a Tabela I revela as três principais intenções dos deputados: 1) favorecer a entrada dos produtos portugueses no Brasil por uma tributação preferencial para iniciar a recuperação econômica de Portugal; 2) estimular o transporte para o Brasil de produtos europeus em navios portugueses, também por benefícios tributários, para promover o

---

136 Exceto o açúcar branco, o mascavo e o algodão, que pagavam respectivamente 60, 30 e 600 r. por arroba.

137 2% de direito de saída no Brasil e mais 2% de tributo de reexportação em Portugal.

138 1% pago pelo NP no Brasil, mais 2% de tributo de reexportação em NE em Portugal.

139 1% pago pelo NP no Brasil, mais 1% de tributo de reexportação em NP em Portugal.

76 ANTONIO PENALVES ROCHA

desenvolvimento da marinha mercante nacional e, finalmente, sem nenhuma outra alternativa, 3) manter intactos os privilégios comerciais que os ingleses obtiveram com o Tratado de Comércio de 1810. Gêneros portugueses, como vinho, sal, vinagre etc., teriam exclusividade no mercado brasileiro e seriam amparados por brutal redução tributária: se até então estavam sujeitos a uma alíquota de 23% (8% de saída em Portugal e 15% de entrada no Brasil), passariam a pagar apenas 1%. Os produtos manufaturados portugueses também seriam beneficiados, pois, de acordo com o artigo 11º, deveriam pagar somente o direito de saída de Portugal, isto é, 1%.

A redução da tributação dos produtos portugueses que entrariam no Brasil os beneficiaria significativamente em relação aos produtos estrangeiros diretamente importados – os gêneros e os produtos manufaturados portugueses pagariam 1%, ao passo que os gêneros estrangeiros pagariam 24% e os manufaturados 30%. Na comparação da tributação dos produtos portugueses com os ingleses, os primeiros pagariam 1%, enquanto os ingleses pagariam os 15% previstos pelo Tratado de 1810.

A tributação previa igualmente um favorecimento dos produtos estrangeiros vindos diretamente do país de origem em navios portugueses: os gêneros passariam a pagar 16% e os manufaturados 20%; se, no entanto, chegassem em navios estrangeiros, pagariam 24% e 30%, respectivamente. Os produtos ingleses, por sua vez, manteriam uma tributação preferencial em relação aos produtos estrangeiros, pois, pagariam uma taxa de 15%, ou seja, uma taxa menor que a dos produtos estrangeiros transportados por navios portugueses. Quanto aos produtos estrangeiros reexportados de Portugal para o Brasil que, em geral, pagavam até então 26%, os gêneros passariam a pagar 28% (24% de entrada no Brasil mais 4% de reexportação em Portugal) e os manufaturados 34% (30% de entrada no Brasil e 4% de reexportação), quando fossem transportados em navios estrangeiros. Caso fossem transportados em navios portugueses, pagariam menos um terço do direito de entrada no Brasil e mais 1% de taxa de reexportação em Portugal, ou seja, os gêneros pagariam 17% (menos 1/3 de 24%+1%) e os manufaturados 21% (menos um terço de 30%+1%).

Comparativamente à alíquota vigente (26%), verifica-se que haveria um aumento tarifário de 2% para os gêneros estrangeiros (de 26% passariam para 28%) e de 8% para os manufaturados (de 26% passariam para 34%). Contudo, haveria redução das tarifas que incidiam sobre esses mesmos produtos quando fossem transportados em navios portugueses: se fossem gêneros pagariam 17% e se fossem manufaturados pagariam 21%. Ainda nesse caso, os ingleses permaneceriam em posição vantajosa, pois seus produtos continuariam sendo taxados em 15%.

A Tabela II revela uma redução das taxas de exportação e reexportação dos produtos brasileiros para favorecer o comércio internacional de Portugal, bem como a sua marinha mercante. Tal redução seria sempre da ordem de 50% em relação às tarifas vigentes, desde que o transporte fosse feito por portugueses. Ou seja, se, até então, os produtos brasileiros pagavam 2% de direito de saída para Portugal, pelo projeto passariam a pagar 1%; se pagavam 4% de reexportação em Portugal (2% de saída no Brasil mais 2% de reexportação em Portugal), passariam a pagar 2% (1% de saída no Brasil mais 1% de reexportação em Portugal). Caso fossem transportados diretamente para fora do Reino Unido em navios portugueses, o direito de saída, que era de 2%, tornar-se-ia de 1%.

A reexportação de produtos brasileiros em Portugal também seria incentivada pela redução de impostos: um carregamento brasileiro reexportado por Portugal em navio estrangeiro pagaria o total de 3% (1% de direito de saída do Brasil mais 2% de tarifa de reexportação em Lisboa), enquanto pagaria 2% em navio português (1% de direito de saída do Brasil mais 1% de tarifa de reexportação em Lisboa), o que quer dizer que os portugueses pagariam um terço a menos de tributos que os estrangeiros.

A comparação da tributação para o comércio brasileiro feito "em diretura" em navios estrangeiros com o mesmo comércio efetuado por navios portugueses exigiria mais dados que os da Tabela para que pudesse ser fixada uma porcentagem. Isso se deve ao fato de que o projeto da Comissão Especial não estabeleceu uma alíquota para o direito de saída; no entanto, se for seguida a lógica dos outros

78 ANTONIO PENALVES ROCHA

números, pode-se supor que os navios estrangeiros pagariam pelo menos 50% mais que o 1% pago pelos portugueses.

De qualquer modo, a ausência desse número não é muito importante em face de outra relação que se torna a chave para se compreender a maneira pela qual a Comissão Especial tratou a questão das exportações brasileiras. Em vez de fixar um único percentual para os produtos brasileiros diretamente exportados para o estrangeiro, os deputados estipularam os valores do direito de saída dos dois principais produtos da pauta de exportações do Brasil: o algodão, que pagaria 10%, e o açúcar, que pagaria 6%.

Sendo assim, é claro que passaria a ser mais vantajoso para os europeus comprar esses produtos em Portugal que no Brasil; ou seja, ao serem carregados em navio estrangeiro em Lisboa esses produtos teriam pago um total de 3% de impostos (1% de direito de saída do Brasil para Portugal e 2% de reexportação em navio estrangeiro em Portugal), ao passo que se um navio estrangeiro cruzasse o Atlântico, para comprá-los no Brasil, pagaria 10% pelo algodão e 6% pelo açúcar.

Enfim, comprar os principais produtos brasileiros em Lisboa ficaria bem mais em conta que no Brasil não só pela economia do frete, mas também pelas menores tarifas alfandegárias. Reexportados de Portugal para o estrangeiro em navios portugueses, o algodão e o açúcar teriam uma redução tarifária respectivamente de 8% e 4%, e se fossem reexportados em navios estrangeiros a redução seria um pouco menor, respectivamente 7% e 3%.

Assim, para as compras de algodão e açúcar, as Cortes davam preferência à presença de navios estrangeiros em Lisboa, em prejuízo da presença deles em portos brasileiros, o que supostamente acarretaria outros benefícios econômicos para Portugal. Pois, em primeiro lugar, o comércio internacional lusitano seria fomentado pelas baixas tarifas, gerando conseqüentemente maiores ganhos neste campo econômico, porque, quando aportassem em Portugal à procura de produtos brasileiros, os navios estrangeiros teriam produtos para vender, e os comerciantes portugueses poderiam comprá-los para revendê-los ao Brasil, dado que contariam também com um amparo tarifário que deixaria os produtos reexportados a bons pre-

A RECOLONIZAÇÃO DO BRASIL PELAS CORTES   79

ços na outra parte do Reino Unido; em segundo lugar, a receita do Estado português aumentaria, porque Portugal reteria tanto os tributos da importação e da reexportação dos produtos brasileiros para o estrangeiro quanto da importação e da reexportação de produtos estrangeiros para o Brasil.

Uma vez que essa preferência, fixada no artigo 17º, tornava Portugal um entreposto de produtos brasileiros destinados à reexportação para o estrangeiro e de produtos estrangeiros destinados à reexportação para o Brasil, os navios europeus nada teriam a fazer nos portos brasileiros. Por isso mesmo, na última sessão em que foi discutido o projeto, o deputado pernambucano Zefirino dos Santos viu no artigo "a pedra de toque, por onde o Brasil tem de conhecer o preço por que há de conservar a sua união com Portugal".[140]

Além do mais, o mesmo deputado pregou no deserto ao alertar sobre o risco que corriam as Cortes de fazer o Reino Unido perder mais do que ganhar com o mesmo artigo, porque as baixas taxas alfandegárias poderiam ser caracterizadas pelos ingleses e estrangeiros como estímulos à exportação – ou "gratificações", como se dizia na época. Noutros termos, os ingleses poderiam solicitar os mesmos 3% pagos pelos produtos brasileiros reexportados por Portugal, pois o artigo V do Tratado de Navegação e Comércio determinava, tanto para Portugal como para a Inglaterra,

que se estabelecerá nos seus respectivos Portos o mesmo valor de Gratificações e *Drawbacks* sobre a Exportação dos Gêneros e Mercadorias, quer estes Gêneros e Mercadorias sejam exportados em Navios e Embarcações Portuguesas, quer em Navios e Embarcações Britânicas, isto é, que os Navios e Embarcações Portuguesas gozarão do mesmo favor a este respeito nos Domínios de Sua Majestade Britânica que se conceder aos Navios e Embarcações Britânicas nos Domínios de Sua Alteza Real O Príncipe Regente de Portugal, e Vice-Versa.

---

140 *Diário*, sessão de 26 de setembro de 1822, p.569.

80 ANTONIO PENALVES ROCHA

Mas, quando chegou a vez de as Cortes discutirem o artigo, os protestos de alguns deputados brasileiros foram tão veementes que ele foi devolvido à Comissão Especial para que fosse refeito. Apresentado novamente em 26 de setembro de 1822 – na última sessão que discutiu o projeto –, o artigo foi mais uma vez duramente criticado e de novo devolvido à Comissão, para ser, em seguida, engavetado para sempre, juntamente com todo o projeto.

No tocante às relações entre o projeto dos comerciantes de Lisboa e o da Comissão Especial, as Tabelas fornecem também informações sobre algumas discrepâncias. Embora os deputados tivessem mantido a espinha dorsal do projeto da Comissão "de fora" para remediar os dois principais "males" que enfraqueciam o comércio português – os Tratados de 1810 e a "deviação" do comércio do Brasil depois da Abertura dos Portos –, não reproduziram às cegas todo o projeto apresentado pela *Memória*. Assim, as mudanças que lhe imprimiram indicam a autonomia relativa das Cortes em relação aos interesses comerciais dominantes em Lisboa, em vez da absoluta subserviência dos deputados aos comerciantes.

A esse respeito, na sessão de 9 de abril, quando estava em discussão o artigo 3º, o deputado Braancamp afirmou que no preâmbulo do projeto estão os devidos agradecimentos e elogios aos trabalhos da Comissão "de fora", mas "nem por isso [a Comissão Especial] se julgou obrigada a seguir absolutamente quanto [os comerciantes] propuseram".[141] Com efeito, pela comparação dos dados verifica-se que a principal aposta dos comerciantes visava à obtenção de ganhos imediatos para o comércio e a navegação de Portugal, enquanto a dos deputados era mais abrangente, observando não só o quadro da economia portuguesa como também questões políticas concernentes às repercussões das medidas no Brasil e na Inglaterra.

Alguns dados da Tabela I exibem claramente essas discrepâncias, a saber:

1) o privilégio alfandegário que os comerciantes aspiravam obter na reexportação de produtos estrangeiros, transportados por

---

141 *Diário*, sessão de 9 de abril de 1822, p.729.

A RECOLONIZAÇÃO DO BRASIL PELAS CORTES 81

navios portugueses para o Brasil, mediante o pagamento de dois quintos do direito de entrada – talvez 9,6% (dois quintos dos supostos 24%) – tornou-se uma tarifa mais alta no projeto dos deputados (de 17 a 21%), ou seja, tornou-se uma tarifa que superava até mesmo em 2% e 5% respectivamente a que pagavam os produtos ingleses;

2) enquanto os comerciantes em seu projeto sugeriam que os produtos portugueses no Brasil pagassem um direito de entrada mais 1%, os deputados propuseram a tributação de apenas 1%, o que claramente configura uma preferência para garantir o mercado brasileiro aos gêneros e manufaturados portugueses;

3) no que diz respeito à reexportação dos produtos brasileiros, o projeto dos deputados beneficiaria amplamente a marinha mercante e os comerciantes, concedendo-lhes inclusive mais do que haviam solicitado. Assim, se na proposta dos comerciantes a reexportação dos produtos brasileiros em navios portugueses e estrangeiros estaria sujeita a uma mesma taxa composta por um percentual fixado por uma tabela mais 1%, na da Comissão Especial os navios estrangeiros pagariam 3% e os portugueses 2%, favorecendo, ao mesmo tempo, os comerciantes com uma redução das taxas e a marinha portuguesa que estaria sujeita a tarifas ainda menores. Além disso, nas restrições à exportação direta de produtos brasileiros para fora do Reino Unido assoalhava-se o propósito dos deputados de beneficiar o comércio e a marinha por meio do art. 17º.

Ao fim e ao cabo, contrariando o imediatismo dos comerciantes, a Comissão Especial tinha a intenção de instituir uma "divisão interprovincial do trabalho" no Reino Unido, dentro da qual o mercado brasileiro teria funções de consumidor de produtos portugueses e fornecedor de produtos a serem reexportados por Portugal. Como consumidor, em primeiro lugar, atenderia a uma emergência: absorveria os produtos tradicionais de Portugal que estavam sem mercado onde quer que fosse; em segundo, compraria tanto gêneros e manufaturados portugueses quanto produtos estrangeiros reexportados,

82 ANTONIO PENALVES ROCHA

cujos preços, em ambos os casos, estariam baixos graças às manobras tributárias.

Como fornecedor, o Brasil ofereceria a Portugal produtos tropicais para a revenda no mercado internacional. Assim, esperava-se que se iniciasse a reanimação do comércio e da marinha.

Mas o sonho não acabava aí: pelo que se vê no projeto da Comissão Especial, havia também na distribuição de funções a intenção de modernizar a economia portuguesa, tanto que, antecipadamente, os deputados tomaram medidas de proteção da manufatura de Portugal, como revela o artigo 13º que estabelecia uma tributação de entrada no Brasil de 30% *ad valorem* para os produtos cuja importação estivesse proibida em Portugal.

O que efetivamente importa é que, ao se observar o conjunto de propostas, há que se dar razão às declarações dos deputados de que as Cortes não pretendiam recolonizar o Brasil, no sentido preciso de restaurar o exclusivo como existira antes de 1808. Com efeito, o projeto das relações comerciais manteria o livre comércio, e todas as restrições a ele derivariam de um "pacto comercial" celebrado entre representantes brasileiros e portugueses nas Cortes, que ganharia a forma final de um *decreto*. A propósito, é de fundamental importância o fato de que a matéria sobre a reorganização comercial do Reino Unido não era legislação constitucional, e sim regulamentar, o que significa que o Congresso poderia alterá-la quando achasse por bem.

Positivamente: o projeto sugere a criação de uma zona comercial privilegiada luso-brasileira nas lacunas deixadas pelo Tratado de Navegação e Comércio de 1810. Isso não quer dizer, no entanto, que tal entidade tenha sido idealizada para promover igual distribuição dos benefícios econômicos para ambos os Reinos, mesmo porque os construtores desse circuito eram os mesmos que estavam empenhados na "regeneração" de Portugal. Tanto é assim que presumiam que os atores dos diferentes lugares do Reino Unido desempenhariam diferentes papéis: o protagonista seria Portugal, que, tendo nas mãos as rédeas do poder político, regeneraria a sua força marítima e comercial; o coadjuvante seria o Brasil, que se limitaria a oferecer mercado e fornecer produtos tropicais a Portugal.

A RECOLONIZAÇÃO DO BRASIL PELAS CORTES   83

Cabe, por fim, verificar se há sinais no projeto de que a contra-partida dos benefícios econômicos de Portugal seriam os prejuízos ao Brasil. Para tal verificação é preciso partir de um princípio que só aparentemente é óbvio: o Brasil não existia como Estado nacional, sendo apenas o nome dado a uma região que abrigava um conjunto de províncias habitadas pelos "portugueses da América", toscamente submetidas, depois da vinda de D. João VI, a um centro político – o Rio de Janeiro; por isso, não era à toa que os ingleses chamaram-no de *Brazis* até a segunda metade do século XIX. De modo que, sendo uma impropriedade tentar observar os sinais dos eventuais prejuízos que o projeto causaria ao Brasil, melhor seria averiguar se o projeto dos deputados causaria danos a dois componentes de toda essa região: às províncias, um componente institucional, e às classes dominantes, um componente social e econômico.

Quanto às províncias, o projeto, sem sombra de dúvida, traria graves prejuízos por causa da queda da receita que derivaria da baixa geral dos tributos de importação e exportação, tanto que os próprios deputados preocuparam-se com a questão em nome do Reino Unido. A queda da arrecadação também trazia à baila o artigo 17º. Além de criticar as disposições do mesmo artigo ao mostrar que ele não traduzia a prometida igualdade no tratamento tarifário das duas partes do Reino Unido, pois se o algodão saísse diretamente do Brasil para o estrangeiro em navio estrangeiro pagaria 10% e em Lisboa apenas 3%, Zefirino dos Santos apresentou uma conta para destacar o tamanho da perda de arrecadação das províncias: antes de 1822, o algodão pagava um direito de saída do Brasil de 600 r. por arroba, que correspondia a uma tarifa de 15% *ad valorem*; pelo projeto, passaria a pagar apenas 1% se fosse para Portugal.[142] Essa conta alertou os deputados para a gravidade da questão e, em conse-qüência, alguns até mesmo cogitaram em aumentar os impostos dos produtos asiáticos para compensar as perdas da receita.

Quanto às classes dominantes – os comerciantes de "grosso trato" e os grandes proprietários da lavoura exportadora –, posto que pu-

---

142 Ibidem.

84   ANTONIO PENALVES ROCHA

dessem ser indiretamente lesadas pela queda da receita das províncias, nenhum aspecto do projeto indica que seriam direta e imediatamente prejudicadas. Pois, o projeto não restaurava o exclusivo e se restringia às relações comerciais, isto é, não dizia respeito aos demais fatores de produção, principalmente ao tráfico negreiro. Em suma, tomando única e exclusivamente o projeto da Comissão Especial como fonte histórica, não há sinais de que, *em termos mercantis*, a reorganização do comércio no Reino Unido causaria perdas a curto prazo às classes dominantes; saindo do curto prazo, todo o resto seria uma infundada especulação.

Como o projeto dizia respeito somente à regulação do comércio, qualquer prejuízo imediato a essas classes ocorreria obviamente no plano comercial, provocado particularmente pelo predomínio da navegação portuguesa e pelo redirecionamento do fluxo comercial para Portugal. De todo modo, alguns indícios sugerem que mesmo assim o projeto não seria lesivo às classes dominantes do Brasil nesses campos, pois:

1) o predomínio da navegação não seria empecilho a essas classes, mesmo porque estaria sob o domínio da marinha nacional do Reino Unido, isto é, poderia incluir também navios brasileiros, e não havia nenhum impedimento à existência deles; ademais, mantido o livre comércio, a exportação direta dava margem de manobra para o caso de haver aumento dos fretes ou falta de navios, haja vista que a marinha portuguesa estava em frangalhos. Tampouco as altas taxas da exportação direta do Brasil para o estrangeiro inviabilizariam a margem de manobra, pois a Comissão Especial havia proposto uma redução delas na sessão de 26 de setembro: a do algodão, que na proposta original era de 10%, caiu para 8%, e a do açúcar, de 6% para 4%; mesmo assim, batido pelas duras críticas de Zefirino dos Santos, o artigo 17º voltou para a Comissão;

2) a reserva do mercado brasileiro aos produtos tradicionais de Portugal, pouco consumidos no Brasil devido aos melhores preços dos similares franceses e espanhóis, não causaria danos

A RECOLONIZAÇÃO DO BRASIL PELAS CORTES 85

aos comerciantes e consumidores, porque eles passariam a entrar no Brasil com preços mais baixos que os dos concorrentes graças à redução das taxas alfandegárias;

3) deixando de lado a oposição feita a todo o projeto por um pequeno grupo, o mesmo que fugiu de Lisboa para a Inglaterra em 1822, onde lançou o Manifesto de Falmouth, o comportamento dos deputados brasileiros parece atestar a indiferença das classes dominantes do Brasil em relação à reorganização do comércio ou talvez até mesmo a esperança delas de que houvesse um aumento dos ganhos com a eventual intensificação do comércio devido às baixas tarifas, tanto que Pedro Rodrigues Bandeira, rico comerciante da Bahia, estava na Comissão Especial, e Zefirino dos Santos, grande comerciante de Pernambuco, opôs-se basicamente à desigualdade dos tributos a serem pagos pelo Brasil e por Portugal e não se manifestou sobre os demais assuntos. E, de fato, a maioria dos deputados brasileiros nas Cortes votou pela aprovação dos artigos.

Enfim, é no campo da política, e não no das perdas econômicas, que residem os mais fortes motivos dos conflitos entre deputados brasileiros e portugueses nas Cortes acerca do projeto de reorganização das relações comerciais no Reino Unido. E, portanto, é também no campo da política, principalmente no da ideologia sobre a prosperidade nacional, que deve ser procurado o porquê da divergência entre "portugueses da Europa" e "portugueses da América", em cujo bojo estava a idéia de recolonização.

IV
A DIVERGÊNCIA ENTRE OS PORTUGUESES DE "AMBOS OS HEMISFÉRIOS"

A quantidade de papel que já foi consumida para tratar da recolonização passa a impressão de que a discussão nas Cortes sobre as relações comerciais no Reino Unido foi a tal ponto polarizante que separou os deputados portugueses dos brasileiros em dois campos opostos. Mas as coisas não foram exatamente assim. As páginas do *Diário das Cortes*, que reproduzem os debates das oito sessões dedicadas ao debate do projeto, revelam que poucos deputados do Brasil e de Portugal justificaram seus votos de aprovação ou de reprovação aos artigos, e os portugueses aceitaram que alguns fossem reformulados pela Comissão Especial. Mais que isso: nem todos os deputados brasileiros votaram contra todos os artigos discutidos, tampouco todos os portugueses a favor. Ao fim e ao cabo, os artigos foram aprovados ou suprimidos ou mandados de volta à Comissão Especial para uma nova redação pela maioria de votos provenientes de deputados de ambos os lados do Atlântico.

Quando os debates sobre o assunto se iniciaram, em abril de 1822, estavam no Congresso 33 deputados do Brasil, e mais 11 chegariam entre essa data e 29 de agosto do mesmo ano. Desse modo, em agosto, havia uma bancada brasileira de 44 deputados, ao passo que a dos "portugueses da Europa" contava com cem deputados. E desse total de 144 deputados, somente um pequeno grupo de cada lado

88　ANTONIO PENALVES ROCHA

teve participação ativa nos debates, sem, contudo, exercer liderança efetiva sobre um suposto bloco português ou brasileiro.

Antonio Carlos Ribeiro de Andrada roubou a cena com pelo menos uma intervenção em cada sessão dedicada à discussão do projeto até a de 17 julho de 1822, uma vez que em setembro, quando ocorreu a última sessão registrada pelo *Diário* que se ocupou deste assunto, ele já havia saído de Portugal. Aliás, em volume, as falas do deputado paulista representam uma parte considerável de tudo o que foi dito sobre o projeto nas seis sessões em que ele esteve presente.

Num segundo plano, destacaram-se como os mais ativos deputados brasileiros nas discussões sobre a questão: dois baianos, Lino Coutinho e Borges de Barros, e um pernambucano, Zefirino dos Santos. Cipriano Barata, um dos mais combativos deputados do Brasil, manifestou-se uma única vez, dizendo estar cansado de "malhar em ferro frio", pois seu voto era sempre vencido, além de suspeitar de questões comerciais.

Antonio Carlos era o porta-voz da bancada paulista nas Cortes, que, com seis deputados, formava um grupo diferenciado em relação a todos os demais deputados do Brasil e de Portugal por estar sob a orientação de um programa político. Aliás, José Bonifácio, irmão de Antonio Carlos e o primeiro brasileiro a ocupar um cargo de primeiro escalão na monarquia portuguesa, liderava essa bancada, embora tivesse permanecido no Brasil.

O programa dos paulistas encontra-se nas *Lembranças e apontamentos*, texto escrito por José Bonifácio segundo consultas feitas às Câmaras Municipais da província de São Paulo; a propósito, em novembro de 1821, D. Pedro recebeu o manuscrito desse texto e ordenou à imprensa oficial que o publicasse com urgência, tanto que sua versão impressa ficou pronta no mesmo ano. Em linhas gerais, o programa compreendia a preservação da unidade do Reino Unido, a autonomia político-administrativa do Brasil e um comércio externo e interno que, "sem tolher a liberdade de ambos os Reinos, possa conciliar, quanto possível for, seus recíprocos interesses".[143]

---

143 José Bonifácio de Andrada e Silva, 1965, p.96.

A RECOLONIZAÇÃO DO BRASIL PELAS CORTES **89**

Desde a chegada dos paulistas às Cortes, em fevereiro de 1822, alguns deputados de outras províncias brasileiras se uniram ao grupo, principalmente homens que já haviam militado em lutas emancipacionistas e antiabsolutistas no Brasil, como Cipriano Barata e os dois baianos citados; por sinal, Zefirino dos Santos nada tinha que ver com esse grupo.

Por outro lado, entre os deputados portugueses, Borges Carneiro, um dos líderes da "regeneração", destacou-se principalmente nas segunda e terceira sessões que discutiram o projeto. Entre os "regeneradores" que atuaram nos debates, estavam também Ferreira Borges, Luiz Monteiro, Bettencourt e Soares Franco, que, no entanto, ocuparam uma posição secundária. De resto, Fernandes Tomás não expôs suas opiniões sobre o assunto e, em suas poucas e curtas participações, limitou-se a organizar as votações ou a destacar questões regimentais. E os longos discursos de Rodrigues de Brito decepcionam quem queira observar efeitos políticos de idéias econômicas nas Cortes, pois assumiram a forma de exposições doutrinárias, algumas muito pouco práticas e outras despropositadas – por exemplo, esse deputado chegou a solicitar a reabertura das discussões sobre o ensino de Economia Política em Portugal na última sessão das Cortes dedicada à discussão do projeto.[144]

Mas o volume dos discursos de Antonio Carlos e Borges Carneiro constitui expressão visível de outro fato que lhes deu destaque: ambos atuaram, acima de tudo, como os principais porta-vozes de diferentes e conflitantes concepções sobre a prosperidade do Reino Unido. Por isso, esses homens estavam em campos opostos e comportavam-se como adversários políticos.

O mais ruidoso enfrentamento entre ambos ocorreu em sessão que não tratava do projeto, quando se envolveram num patético bate-boca no plenário no qual Borges Carneiro ameaçara enviar cães de fila e leões para o Brasil, e Antonio Carlos prometeu recepcioná-los com abundância de pau, ferro e bala. Aliás, nos debates sobre a reorganização do comércio, as ocasionais manifestações emocionais dos dois deputados ou dos que estavam alinhados a cada um deles não

---

144 *Diário*, sessão de 26 de setembro de 1822, p.573.

90   ANTONIO PENALVES ROCHA

têm relevância histórica alguma, pois visavam tão-somente intimidar
o adversário. Por exemplo, Borges Carneiro ameaçou de impedir a
continuidade do tráfico negreiro entre Brasil e colônias portuguesas
da África;[145] Bettencourt de propor às Cortes a transformação de
Lisboa em porto franco para acarretar prejuízos à exportação brasileira,[146] e Antonio Carlos de "apelar para os sentimentos do Brasil
[pois] dirigir-se aos seus sentimentos de irmandade é a vereda segura
de conseguir-se dele os maiores sacrifícios".[147]

De fato, as altercações eram manifestações de superfície; logo
abaixo delas, acha-se um tipo de discurso "técnico", porque utilizava
linguagem especializada, principalmente econômica, para desabo-
nar propostas ou idéias de adversários ao atribuir-lhes qualidades
negativas, como a queixa de deputados portugueses de que Portugal se tornara colônia do Brasil depois de 1808 ou a de brasileiros
que denunciava a ausência dos princípios da economia liberal em
certos artigos que objetivariam restaurar o sistema colonial. Aliás, diversos historiadores, deixando de lado os preceitos da crítica histórica,
transformaram essas opiniões em categorias explicativas, possivel-
mente por terem encontrado no discurso dos deputados um voca-
bulário econômico semelhante ao que usavam para fazer a história.

Finalmente, no núcleo dessa retórica estão as diferentes concepções de prosperidade nacional: a dos "portugueses da Europa"
mantinha preceitos mercantilistas e a dos paulistas tinha no miolo
a Economia Política; e, assim, os fundamentos do debate foram
arrastados para o campo das doutrinas econômicas.

Para reconstruir as principais linhas dessas concepções serão
usados fragmentos dos discursos de Borges Carneiro e Antonio Carlos.
Esses fragmentos, no entanto, não bastariam para fazer a reconstrução,
razão pela qual serão utilizados também trechos dos discursos de
outros deputados que estavam politicamente ligados a um ou a outro.
Ao que parece, esse procedimento não corre o risco de nivelar dife-

---

145 *Diário*, sessão de 27 de abril de 1822, p.978.
146 Ibidem, p.983.
147 *Diário*, sessão de 13 de maio de 1822, p.158.

A RECOLONIZAÇÃO DO BRASIL PELAS CORTES 91

renças políticas, pois na montagem das duas concepções só serão usados os discursos daqueles que alinharam suas posições com as de Borges Carneiro ou com as de Antonio Carlos em face de uma mesma questão: os artigos do projeto de relações comerciais.

1. A concepção de prosperidade da "regeneração"

Nas sessões em que os deputados debateram o projeto, Borges Carneiro referiu-se duas vezes à mesma profissão de fé que fizera no ano anterior: "tenho em nada as teorias vãs [sobre livre comércio], que autores mui gabados têm escrito nos seus gabinetes".[148] Nesse caso, os fundamentos dessa profissão de fé, aparentemente de base empírica, sintetizavam um trabalho de filósofos europeus que se desenvolveu dos meados do século XVII aos meados do século XVIII.

Com efeito, o fundamento das idéias econômicas de Borges Carneiro reside no princípio de que a liberdade irrestrita pertence ao reino da natureza, e só se torna beneficente à humanidade se for submetida a restrições. De acordo com as suas próprias palavras:

nada há independente de regras ... a liberdade sem regras é perniciosa; ... até mesmo os brutos e animais nós o sujeitamos a certas regras, para deles tirarmos proveito. As vides, diz Cícero, nós a cortamos, atamos e sujeitamos para produzirem com utilidade.[149]

Em conseqüência, a liberdade irrestrita era incompatível com a vida em sociedade, uma vez que ameaça igualmente cada um, pois "leva a todos os excessos das paixões", e todos, pois "corrompe o bem público" ao induzir "os homens só ao seu particular interesse".[150]

---

148 *Diário*, sessão de 9 de abril de 1822, p.722. Com poucas mudanças, essa mesma frase aparece em seu discurso na sessão de 27 de abril de 1822, p.978, e se assemelha com a sua posição no debate sobre os latoeiros em março de 1821 (ver nota 109).

149 *Diário*, sessão de 9 de abril de 1822, p.723.

150 Ibidem.

92 ANTONIO PENALVES ROCHA

A mesma concepção aplicava-se ao comércio: se a liberdade irrestrita é, em geral, perniciosa, seria também perniciosa à atividade mercantil, mesmo porque ela é parte constitutiva da "ordem pública" e do "corpo político". Ou seja, se a "ordem pública" e o "corpo político" estão submetidos às leis positivas, que refreiam a desordem, o comércio também há de estar, ainda mais que "o comércio deve estar a serviço do Estado, e não o Estado a serviço do comércio". Assim sendo, como toda a vida social, o comércio também deve estar subordinado às restrições impostas pelo Estado, pois a "liberdade irrestrita é contrária ao [seu] espírito",[151] que, além do mais, é animado somente pelas restrições. Por isso, Borges Carneiro declarou: "eu não admito liberdade de comércio senão no mais ou no menos: liberdade de comércio ilimitada são vãs teorias de gabinetes".[152]

A história foi usada por ele como fonte de exemplos que afiançavam as suas observações: as grandes nações comerciantes, França, Holanda e Inglaterra, impuseram restrições para defender as fábricas e a agricultura da livre importação. Caso as restrições não tivessem sido impostas, a livre importação não só as arruinaria como também impediria a livre exportação de matérias-primas para animar as artes.

Na história de Portugal são exemplares dois casos opostos de bons e maus efeitos respectivamente da restrição ao comércio e da liberdade irrestrita. O comércio prosperou com as restrições, "mui semelhantes às do presente projeto", que lhe foram impostas pelo Marquês de Pombal.[153] Inversamente, a liberdade irrestrita, derivada

---

151 Ibidem.
152 *Diário*, sessão de 27 de abril de 1822, p.978.
153 Provavelmente deixando-se levar pela alusão ao Marquês de Pombal no discurso, Valentim Alexandre, 1993, p.633, deduziu que "o modelo preconizado por Borges Carneiro para as relações luso-brasileiros era o pombalino". Trata-se, sem dúvida, de um equívoco, porque na alusão que o deputado fez ao ministro não só o Brasil não estava em foco como também a figura de Pombal foi usada por Carneiro para ilustrar sua opinião sobre os efeitos econômicos positivos que resultaram das restrições pombalinas ao *comércio* e os efeitos negativos da liberdade irrestrita derivada da abertura dos portos; além do mais, seria inconcebível a preconização de um modelo pombalino de relações luso-brasileiras sem o exclusivo, e não há uma palavra sequer de Borges Carneiro em sua defesa.

A RECOLONIZAÇÃO DO BRASIL PELAS CORTES   93

de "decretos feitos por homens apóstatas da sua pátria" e instituída com a abertura dos portos brasileiros, foi um desastre econômico tanto para Portugal quanto para o Brasil, "se excetuarmos um momento bom da [sua] agricultura".

Para completar o discurso de Carneiro, o deputado Correa Seabra se manifestou e, usando a deixa do primeiro sobre os "apóstatas", criticou um ministro, sem, contudo, nomeá-lo. Esse ministro, que atuara durante um período de prosperidade de Portugal, "entrega-se a teorias e forma grandes e vastos planos, que não eram apropriados às circunstâncias ... do que foi conseqüência ir progressivamente a nação retrogradando ...".[154] Trata-se certamente de D. Rodrigo de Sousa Coutinho, embora Seabra não tenha mencionado o seu nome.

Assim, por meio dessas observações, o vintismo construía dois arquétipos da história econômica de Portugal: um herói, o Marquês de Pombal, e um vilão, o Conde de Linhares.

Esse conjunto de concepções sobre o comércio desses deputados norteou a tentativa de adoção de medidas práticas. Antes de tudo, ainda segundo o deputado Seabra, urgia estabelecer com o Brasil "restrições comerciais, combinadas de maneira que favoreçam assim a Portugal como ao Brasil", baseadas na "verdadeira reciprocidade de interesses". Isso porque Portugal tem sido lesado, já que é obrigado "a dar um mercado exclusivo aos gêneros brasileiros que além deste exclusivo ficam tendo o mercado de todo mundo". Em contrapartida, os brasileiros nem sequer são obrigados "a dar mercado exclusivo ao vinho português, único gênero que Portugal pode exportar em abundância". Como efeito dessas circunstâncias, surgiu uma situação tão injusta quanto "roubar a um homem que vai pela estrada",[155] em vista da qual o Brasil devia consumir as "produções superabundantes de Portugal" e a navegação entre os dois Reinos ser considerada como a de um só.

Por meio desse argumento, a reciprocidade a ser instituída pela reordenação das relações comerciais visava restituir o mercado brasi-

---

154 *Diário*, sessão de 9 de abril de 1822, p.724.
155 Idem, p.725.

94 ANTONIO PENALVES ROCHA

leiro aos produtos portugueses de modo que Portugal obtivesse uma reparação pela abertura dos portos. Essa aspiração dos deputados torna-se transparente num discurso de Bettencourt:

[depois de 1808] nós em Portugal não gastávamos açúcar, tabaco, algodão, café, cacau e aguardente de cana que não fosse do Brasil. Agora pergunto eu: Portugal, que tem tido essas restrições até agora, não terá direito a indenizações? Não poderá Portugal dizer "nós temos estado a gastar-vos vossos gêneros com a desigualdade de que vós gastáveis os gêneros de todas as nações, vós que fazeis parte da nação portuguesa, uma parte interessante ...". E não há de entrar isto por alguma parte numa balança para constituir uma verdadeira reciprocidade?[156]

Nesses termos, a liderança da "regeneração" reclamava um ressarcimento do Brasil a Portugal. E a confirmação de que esse era o objeto privilegiado da reclamação está na quantidade de vezes que os deputados dos dois lados do Atlântico se referem aos "sacrifícios" que o Brasil deveria fazer em benefício da "regeneração" econômica de Portugal.

Também ilustra essa reclamação o que foi dito pelo deputado Vilela sobre o predomínio da navegação a ser exercido pela marinha portuguesa nos portos do Reino Unido, que, além do mais, põe às claras a permanência residual da associação mercantilista entre poder e comércio no projeto vintista. Ao advogar a necessidade de uma bem aparelhada marinha para um "país agricultor como o Brasil" e as prováveis dificuldades que os exportadores brasileiros enfrentariam com o domínio comercial de Portugal idealizado no projeto, Vilela afirmou que "toda a classe deve fazer alguns sacrifícios a bem da outra, quando nisto importa a melhora da sua própria sorte e o aumento das suas riquezas". Dessa forma, o sacrifício do Brasil impulsionaria a marinha portuguesa, cujo efeito seria a prosperidade do comércio e da agricultura de todo o Reino Unido, pois esse sacrifício

---

156 *Diário*, sessão de 27 de abril de 1822, p.982.

A RECOLONIZAÇÃO DO BRASIL PELAS CORTES 95

abriria para Portugal o caminho que fora anteriormente percorrido pelas "nações mais comerciantes". Vilela encerrou a sua participação com uma exortação:

cresçamos pois primeiramente em força e depois ... permitamos que os estrangeiros concorram conosco. Em uma palavra, advirtamos que nada podemos ser sem marinha de guerra e que não há marinha de guerra sem a mercante. ... este objeto ... é a base da prosperidade e riqueza dos Estados.[157]

Em suma, nas discussões sobre o projeto de relações comerciais alguns "regeneradores" pretendiam sujeitar o comércio brasileiro a certas restrições e ao domínio da marinha portuguesa em benefício da recuperação econômica e da conseqüente prosperidade de Portugal. E, no fim das contas, o projeto das relações comerciais passava para um decreto a mesma visão de prosperidade que previa papéis econômicos diferentes para cada um dos reinos da zona comercial luso-brasileira idealizada.

Para chegar aos pressupostos dessa concepção é preciso, antes de tudo, voltar à Indicação de Bento Pereira do Carmo apresentada às Cortes em janeiro de 1822, que justificou o porquê da necessidade de iniciar os trabalhos parlamentares para a elaboração do projeto de relações comerciais. Para o deputado, o Congresso Soberano já havia efetuado o "pacto social ou vínculo político, capaz de reunir numa só vontade a vontade de todos os portugueses". Tratava-se, então, de estender o pacto social a todo o Reino Unido, de modo que ele harmonizasse "os interesses e prosperidade do Brasil com os interesses e prosperidade de Portugal", consolidando a "união dos portugueses de ambos os hemisférios" na forma de um "pacto comercial".

Em duas palavras, o princípio que continha a concepção de prosperidade de Portugal e, ao mesmo tempo, regia o projeto de relações comerciais no Reino Unido era o do pacto social. Atribuir, no entanto, a adesão de um grupo de deputados à idéia de "pacto social"

---

157 *Diário*, sessão de 9 de abril de 1822, p.725-6.

96 ANTONIO PENALVES ROCHA

pode parecer um disparate, dado que Pereira do Carmo, posicionado fora da vanguarda da "regeneração", foi o único deputado a dar esse testemunho; mas, como se verá logo adiante, houve efetivamente a adesão a essa idéia tanto nas hipóteses quanto na prática da política econômica idealizada pelos "regeneradores". Portanto, por ora, pode-se admitir que Pereira do Carmo apenas batizou de "pacto social" idéias difusas nas Cortes.

Como a idéia de pacto social assumiu formas diferentes para diferentes pensadores europeus dos meados do século XVII aos meados do XVIII, sendo os mais conhecidos Hobbes, Locke e Rousseau, trata-se de saber a qual espécie pertence o pacto proposto pelos deputados portugueses.

Um ponto de partida para essa classificação reside na idéia de Borges Carneiro de que a liberdade irrestrita desencadearia paixões irrefreáveis e, portanto, traria à tona o interesse particular que, por sua vez, corromperia o bem comum. Sendo assim, a liberdade era um componente natural nocivo às sociedades, que só se protegeriam ao restringi-la por regras impostas pelo Estado. O livre comércio, o correspondente econômico da liberdade irrestrita, causaria os mesmos efeitos nocivos à vida social, já que, como foi mencionado antes, para Borges Carneiro "o comércio deve estar a serviço do Estado, e não o Estado a serviço do comércio".

Essas idéias estão presas a um ramo do pensamento europeu que examinou, a partir do século XVII, as relações entre paixões, vida em sociedade e Estado. Mais precisamente: a matriz do princípio enunciado por Borges Carneiro é a teoria de Thomas Hobbes do pacto social, segundo a qual, em linhas gerais, o estado de natureza é o mundo do desregramento, pois nele os homens vivem sob o domínio das paixões e, portanto, num estado de guerra – a *"bellum omnium contra omnes"*.

De fato, é no estado de natureza, tal como Hobbes o desenhou, que reside a liberdade irrestrita, prejudicial a cada um, por levar aos "excessos das paixões", e a todos, por dar vazão ao "particular interesse" que corrompe o bem público. Para Hobbes, a superação desse estado ocorreria teoricamente quando os homens, premidos pelo medo da morte violenta e pelo desejo de conservação, se sujeitassem ao Leviatã, um "deus mortal", personificado num homem ou numa assembléia, que, com o consentimento social, submeteria as vontades individuais a uma regra comum, fundando a sociedade civil por um contrato.

Não é por outro motivo que Borges Carneiro acusava a liberdade irrestrita de ser perniciosa e advertia que "nada há independente de regras", donde se infere que a sujeição às regras impostas pelo Leviatã refrearia os "excessos das paixões" e o "particular interesse" em benefício da conservação de cada um e do bem comum.

Quando Hobbes refletiu sobre essas questões, não se limitou a expor as vantagens sociais e políticas da autorização concedida para que o Estado concentrasse o poder sobre a sociedade. Como essa autorização resulta de um pacto, ou seja, diz respeito à bilateralidade, compete ao Leviatã, em contrapartida, garantir o bem comum, Para isso, como mostrou Pierre Dockès,[158] competia-lhe organizar a economia, evidentemente da forma que o econômico era pensado no século XVII, isto é, como uma esfera "embutida" na vida social e, portanto, destituída de autonomia.

Assim sendo, resta verificar como Borges Carneiro, segundo suas críticas à liberdade irrestrita de comércio, relacionou pacto social e comércio com base nas idéias de Hobbes. Em primeiro lugar, Borges Carneiro mantinha a idéia hobbesiana da centralidade do Estado na ordem econômica, haja vista que, para ele, "o comércio deve estar a serviço do Estado". Em segundo, observava as idéias de livre comércio como pertencentes ao mundo que precedia o pacto social hobbesiano, ou seja, comércio irrestritamente livre só existe no estado de natureza, razão pela qual reiteradamente aludiu às vãs teorias de gabinete que apregoavam o livre comércio. Em terceiro, conhecia as teorias sobre livre comércio de ouvido, pois nem mesmo Adam Smith acreditara ser possível um comércio completamente livre; aliás, a falta de intimidade do deputado com essas noções era de tal ordem que ele não conseguia distinguir as propostas de Antonio Carlos de "restri-

---

158 Pierre Dockès, 2007.

98 ANTONIO PENALVES ROCHA

ções temporárias" ao livre comércio das "proibições absolutas", que, segundo o brasileiro, constituíam o coração do projeto.

Em síntese, no núcleo dos conflitos entre um grupo dos "portugueses da Europa" e um grupo dos "portugueses da América" nas Cortes estava a idéia de pacto social moldada na matriz hobbesiana, o que se comprova tanto nas idéias de Borges Carneiro quanto nos propósitos da "regeneração" de reorganizar a economia do império sob a mão pesada do Estado; por sinal, nessa reorganização, as Cortes, de fato, pactuaram com os comerciantes de Lisboa. Pois, de um lado, a iniciativa dessa reorganização caberia ao Estado e envolveria, necessariamente e de uma só vez, associação, para pôr fim à guerra de todos contra todos na sociedade, e submissão, com a regulamentação estatal da sociedade. De outro, estendia a associação e submissão a todo o Reino Unido, que, no imaginário vintista, era um Portugal estendido ao ultramar português.

Em meio a essas regiões estava o Brasil, que à diferença e em prejuízo de Portugal se beneficiava momentaneamente da liberdade irrestrita, porque estava mergulhado no estado de natureza. Como, por esse mesmo imaginário, o sucesso da Revolução de 1820 atestava o consentimento dos portugueses de que Portugal voltaria a ser a metrópole do mundo português, as Cortes se auto-investiram de autoridade para submetê-lo por um decreto que reorganizaria o comércio. Assim sendo, os papéis das principais partes constitutivas do Reino seriam redefinidos: passaria a haver um ganhador (Portugal) e um perdedor (Brasil), ou seja, o comércio entre as suas duas partes economicamente mais fortes seria regulado por um pressuposto mercantilista: a soma zero; aliás, essa também era uma idéia de Hobbes: estando o estrangeiro e, conseqüentemente, as relações internacionais, no estado de natureza, compete ao Estado submetê-lo seja pela guerra, seja pelo domínio comercial.

De todo modo, as idéias de Borges Carneiro, fundamentadas na teoria hobbesiana do pacto social, estavam à margem da corrente principal do pensamento europeu do início do século XIX. Sua concepção de liberdade passava ao largo de *A fábula das abelhas* de Mandeville e, portanto, do princípio de que os "vícios privados promovem a prosperidade pública", adotado aliás por Adam Smith. De fato, nessa concepção do deputado definitivamente não havia lugar para os benefícios que poderiam advir de uma sociedade regulada pelas "liberdades naturais" de Smith.

Enfim, a concepção de liberdade de Borges Carneiro pertencia ao mundo das idéias prevalecente até os meados do século XVIII. No último quartel do século, no entanto, a Economia Política introduziu uma novidade muito rapidamente adotada: não é o pacto social que funda a vida em sociedade, e sim o mercado.[159]

2. A concepção de prosperidade dos paulistas

Antonio Carlos se opunha à opinião de Borges Carneiro sobre a inanidade da teoria ao destacar a sua importância no "conhecimento das leis que ligam os efeitos às causas, isto é, fatos a outros fatos" e ao atribuir ao teórico uma superioridade no conhecimento dos fatos, pois "os vê por todas as faces", sem que lhe escapem "as relações que há entre eles"; o prático, ao contrário, limita-se a empregar "meios sem saber o como e o por que eles obram". Desse modo, segundo o deputado, a teoria serve de guia ao conhecimento e se fosse excluída haveria "um empirismo perigoso, e muito mal assenta um fastidioso desdém contra o único farol que nos pode alumiar".[160]

Mesmo dando esse peso à teoria, Antonio Carlos não enunciou os fundamentos de suas opiniões. Mas não é muito difícil encontrá-los, uma vez que subjazem a quase tudo o que propôs ou combateu nas sessões das Cortes em que o projeto das relações comerciais foi discutido.

Para a apresentação desses fundamentos, pode ser tomada como ponto de partida uma passagem de um de seus discursos. Trata-se de uma pergunta retórica, feita pelo deputado ao criticar a idéia de

---

159 Para tratar das questões das relações entre pacto social e mercado sigo ao pé da letra o trabalho teórico de Pierre Rosanvallon (1979).

160 *Diário*, sessão de 9 de abril de 1822, p.724.

100 ANTONIO PENALVES ROCHA

que a marinha portuguesa deveria ter o predomínio – "monopólio", para Antonio Carlos – no comércio brasileiro: "Já se esqueceu que não há combinação política que destrua a natureza?"[161] A pergunta indica a adesão de Antonio Carlos às idéias de Adam Smith, já que parafraseia a principal crítica smithiana aos monopólios:

> sem qualquer intervenção da lei, ... os interesses privados e as paixões dos homens levam-nos naturalmente a dividir e distribuir o capital de qualquer sociedade entre os diferentes empregos, tanto quanto possível, na proporção mais vantajosa para o interesse de toda a sociedade.[162]

Para Adam Smith, a natureza não estava fora da sociedade nem tampouco lhe era hostil; ao contrário, a natureza estava na sociedade e lhe era beneficente, tanto que "os interesses privados e as paixões dos homens" levam-nos *naturalmente* a empregar os capitais do modo mais vantajoso para sociedade.

De fato, os fundamentos das idéias de Adam Smith não só recusavam a oposição entre natureza e sociedade como também reconheciam a existência de uma ordem natural na sociedade, dado que entre os seus pressupostos estavam o direito natural e a teologia natural.[163]

Esses pressupostos contêm o princípio de que Deus criou um mundo perfeito e bondoso, e tudo o que há nele está submetido a leis naturais para proporcionar a conservação e a felicidade dos homens. Para Adam Smith, que adotara essa "religião das Luzes", o universo físico, como Newton demonstrara, era regido por leis naturais, ao passo que a sociedade ainda não, visto que a alma humana havia se desviado dos desígnios divinos de perfeição e bondade, impedindo o livre curso destas leis e, por conseguinte, desviando também a sociedade do acesso aos seus efeitos benevolentes.

---

161 *Diário*, sessão de 17 de julho de 1822, p.849.
162 Adam Smith, 1981, v.2, p.630.
163 Ver a propósito o clássico estudo de G. Hasbach (1893).

A RECOLONIZAÇÃO DO BRASIL PELAS CORTES   101

O plano divino para a sociedade realizar-se-ia quando cada um passasse a agir para melhorar a própria condição, e os diferentes interesses seriam regulados por uma "mão invisível" em benefício da prosperidade geral. Noutros termos, pelas leis naturais da sociedade os interesses pessoais coincidem com os coletivos, independentemente da intenção de cada indivíduo. Contudo, o advento do mundo organizado por ações individuais demandava instituições conformadas às "liberdades naturais": no plano da política interna, a liberdade econômica e um Estado que se limitasse a assegurar o funcionamento do mecanismo natural; no plano da política externa, a liberdade de comércio harmonizaria os interesses. Enfim, a ação individual e as instituições a ela ajustadas conduziriam as nações à riqueza, permitindo o usufruto dos benefícios que foram colocados à disposição dos homens pela bondade divina desde o início dos tempos.

A adesão de Antonio Carlos às idéias de Adam Smith revela-se claramente em sua defesa da liberdade de comércio, o assunto que mais espaço ocupou em seus discursos sobre o projeto de reorganização do comércio entre Portugal e Brasil.

Na sessão de 15 de abril de 1822, quando foram discutidos os artigos 7º e 9º, encontra-se uma síntese de suas críticas às proibições econômicas, mostrando o quanto ele havia aprendido com *A riqueza das nações*.

Para Antonio Carlos, 1) a proibição eliminava a concorrência e beneficiava os monopolistas que, ao controlarem o mercado, elevariam os preços em prejuízo dos consumidores e da economia nacional; a alta dos preços, por sua vez, provoca uma diminuição do consumo e, por conseqüência, a redução da oferta, da qual resultaria uma redução do volume do comércio, "e a nação passa de um estado próspero ao de decadência"; além disso, os altos preços impedem também o consumidor de "fazer economias, e aumentar os capitais reprodutivos, único meio de avançar a riqueza nacional"; 2) sem a concorrência, "esta mola poderosa que aguça o engenho humano e o empuxa", a produção nacional fica entregue às suas próprias forças e não se coloca a par da produção geral; logo, "sem ter decaído, fica atrás da indústria estrangeira", pois não precisa de aperfeiçoamentos, haja vista que o monopólio garante mercado aos produtos; 3) ao provocar o declínio da produção, e também das demais parcelas da renda nacional, as proibições levam a uma redução das rendas públicas, porque o consumidor gasta mais e, portanto, paga menos impostos.

Além de apontar os efeitos nocivos do monopólio à prosperidade, Antonio Carlos mostrou também que ele era lesivo à vida social e política; assim, dando continuidade aos itens numerados pelo deputado no mesmo discurso, 4) "a pobreza faz os povos ingovernáveis e revoltosos, e a riqueza os torna obedientes", pois "nas comoções sociais" o rico tem tudo a perder e o pobre tudo a ganhar, de modo que se a estatística estivesse mais avançada seria possível determinar pela pobreza ou pela riqueza das nações a "segurança e [o] poder" dos governos para predizer a "época das revoluções políticas" quase com o mesmo grau de certeza que se tem em relação às "revoluções físicas"; 5) a proibição traz consigo uma luta entre o interesse e o dever, porque, com o "natural desejo de iludir proibições injustas" medram a "astúcia e a manha", provocando a "violação da lei e se desmoraliza a nação".[164]

O deputado ilustrou o sucesso da liberdade de comércio com um exemplo histórico ao considerar os Estados Unidos como "a nação que tem admitido o comércio em toda a sua extensão ..., mas ela [os Estados Unidos] não tem recuado em prosperidade, antes pelo contrário tem avançado muito".[165] Ao mesmo tempo, censurou o modelo de organização do comércio oferecido pela Lei de Navegação inglesa, que, se fosse imitada no mundo do início do século XIX seria qualificada como um "ato de hostilidade". E, de mais a mais, não havia provas de que essa Lei foi o principal agente do desenvolvimento da Inglaterra.

Além disso tudo, Antonio Carlos sugeriu um tipo de análise contrafatual da relação entre a prosperidade de certas nações européias e as proibições comerciais, pois nada confirmava que a prosperidade tivesse sido fruto de proibições, e sim "filha do sistema colonial".

---

164 *Diário*, sessão de 15 de abril de 1822, p.897.
165 *Diário*, sessão de 9 abril de 1822, p.724.

A RECOLONIZAÇÃO DO BRASIL PELAS CORTES   103

Nesse caso, seria necessário provar "que [as nações] não teriam avançado mais pelo regime contrário, o que nunca se provou, sendo que outras nações, efetivamente usando meios opostos, têm experimentado vantagens".[166] A propósito, seguindo o mesmo princípio de que o livre comércio é benéfico às nações, ele destacou a importância da abertura dos portos brasileiros: "o Decreto de 28 de janeiro de 1808, infeliz para Portugal, foi o avesso para o Brasil, foi a fonte de sua atual prosperidade e continuará a ser o estímulo maior da sua progressiva riqueza".[167]

A esta altura, convém lembrar que a atuação política de Antonio Carlos em Lisboa estava sob a orientação de um programa, que prescrevia a manutenção do Reino Unido, a autonomia político-administrativa do Brasil e a liberdade de comércio. Se às suas idéias econômicas forem adicionados esses itens do programa, tornar-se-á possível verificar o porquê do alto grau de sua oposição ao projeto de relações comerciais das Cortes. Com efeito, os itens relativos à defesa da liberdade econômica e da autonomia do Brasil impediam-no de aceitar a existência de restrições comerciais ou "sacrifícios" unilaterais, exceto se fossem temporários e destinados a fins exclusivamente políticos, isto é, destinados a manter a integridade do Reino Unido. De resto, bastaria a existência de instituições adequadas para que a mecânica das liberdades naturais regulasse as relações comerciais.

Quanto à igualdade e à reciprocidade das relações comerciais, que os deputados portugueses apresentavam como as vigas do projeto, o comentário de Antonio Carlos era curto e grosso: "se ele [projeto] respira igualdade e reciprocidade é só igualdade à maneira de Napoleão; é reciprocidade à maneira do tratado de 1810",[168] pois os artigos "usam e adotam pesos e medidas para o reino do Brasil diversos daqueles que admitem para o reino de Portugal".[169] Além do mais, o produto brasileiro sempre estaria em vantagem devido ao

---

166 *Diário*, sessão de 27 de abril de 1822, p.980.
167 *Diário*, sessão de 9 de abril de 1822, p.724.
168 *Diário*, sessão de 14 de maio de 1822, p.158.
169 *Diário*, sessão de 17 de julho de 1822, p.848.

104 ANTONIO PENALVES ROCHA

seu baixo valor, determinado pela natureza da produção, "porque desgraçadamente, embora gema a humanidade, é certo que o escravo trabalha barato porque consome pouco".[170]

Quanto às restrições em benefício da recuperação da economia portuguesa, Antonio Carlos dizia que Borges Carneiro "confunde o bem dos negociantes com o bem do comércio"[171] e as aceitava desde que tivessem uma curtíssima duração preestabelecida na letra da lei, mesmo porque, como argumentava Lino Coutinho, "uma restrição absoluta está fora das idéias do tempo".[172]

Quanto aos sacrifícios, Antonio Carlos também estava disposto a aceitá-los, "mas não tais que levem couro e cabelo", mesmo porque "o Congresso, que é a representação de ambos os reinos irmãos, não tem direito para sacrificar os interesses de um ao bem exclusivo do outro".[173] Não bastasse isso, era preciso também, conforme disse Borges de Barros, que não houvesse desigualdade: "devemos todos fazer sacrifícios mútuos; não seja uma parte da monarquia superior a outra".[174]

Em suma, em rota de colisão com a maioria dos deputados, esse grupo de brasileiros antevia um Reino Unido constituído de nações

---

170 *Diário*, sessão de 15 de abril de 1822, p.807. Valentim Alexandre, 1993, p.635, considerou que o deputado recorria aqui a um "mito". Mas, se de fato era um mito, resta explicar por que na sessão de 17 de julho de 1822 Rodrigues Brito afirmava que os produtos brasileiros eram produzidos a mais baixo valor, pois estavam livres de uma série de "estorvos", além da "vantagem de desfrutarem do trabalho dos escravos" (*Diário*, p.635). Na verdade, não só ambos os deputados apoiavam suas opiniões na experiência, como também contavam com o endosso da Economia Política de Jean-Baptiste Say, pois em duas primeiras edições de seu *Tratado...* encontra-se a afirmação de que o trabalho escravo barateava a produção porque o escravo consumia pouco. Ver, a propósito, Antonio Penalves Rocha (2000). Além do mais, o valor da produção escravista era realmente menor, como revelaram as pesquisas dos cliometras. Ver, a propósito, Robert W. Fogel e Stanley L. Engerman (1974), para os Estados Unidos, e Pedro Carvalho Mello e Robert W. Slenes (1980), para o Brasil.

171 *Diário*, sessão de 9 de abril de 1822, p.724.

172 *Diário*, sessão de 27 de abril de 1822, p.985.

173 *Diário*, sessão de 14 de maio de 1822, p.158.

174 *Diário*, sessão de 27 de abril de 1822, p.979.

A RECOLONIZAÇÃO DO BRASIL PELAS CORTES 105

autogovernadas, cuja prosperidade seria impulsionada pelo livre comércio. Não é por outro motivo que Antonio Carlos opunha à idéia de Vilela sobre os sacrifícios o princípio de que: "isto não é sacrificar uma classe, mas sim a nação toda"[175] ou então argumentava que "quando se diz que é prejudicial a uma parte do reino se diz que é ao reino todo"[176] ou ainda, de acordo com Borges de Barros, "não devemos procurar mais o bem desta ou daquela parte da monarquia e sim a dos portugueses, onde quer que se achem".[177] O remédio para todos os males era liberdade de comércio, e conforme Borges de Barros, "sem liberdade não há emulação, sem emulação o comércio langue-se e morre a indústria e isto não são meros princípios de teoria, a prática tem mostrado a sua utilidade".[178]

* * *

Nas duas concepções de prosperidade do Reino Unido aparece a fratura do império português, visto que expressam duas posições irreconciliáveis. De fato, não havia meio-termo possível entre o projeto do grupo politicamente dominante dos "portugueses da Europa" de sujeitar o Reino Unido ao Estado português sob um regime de restrições comerciais, e o do grupo politicamente dominante dos "portugueses da América" de constituí-lo com partes autogovernadas sob o regime do livre comércio.

Ambas as concepções, no entanto, sintetizavam aspectos das histórias de cada uma das partes envolvidas. Diferentemente de Portugal, a partir dos princípios do século XIX, um grupo de letrados do Brasil, que logo passou a ocupar cargos de poder, aderiu firmemente aos princípios doutrinários da Economia Política e fez deles a matéria-prima de suas aspirações políticas. E essa adesão era abonada por circunstâncias históricas internas e externas: ao mesmo tempo

---

175 *Diário*, sessão de 9 de abril de 1822, p.724.
176 *Diário*, sessão de 27 de abril de 1822, p.984.
177 *Diário*, sessão de 17 de julho de 1822, p.847.
178 *Diário*, sessão de 27 de abril de 1822, p.979.

106 ANTONIO PENALVES ROCHA

que a monarquia difundia a Economia Política no Brasil e o livre comércio liberava forças econômicas constrangidas pelo exclusivo, um sem-número de letrados europeus contemporâneos não disfarçava seu entusiasmo pela ciência econômica; além do mais, a mesma Inglaterra que mostrava sua superioridade econômica nos portos do Reino Unido ostentava, desde os fins do século XVIII, o progresso promovido pelas reformas, esconjurando, por esta via, a Revolução Francesa, que parecia demoníaca a muitos contemporâneos.

A princípio, o grupo a que Antonio Carlos pertencia viu a Revolução de 1820 com bons olhos e pareceu-lhe que o Brasil seria parte constitutiva de uma monarquia parlamentar semelhante à da Grã-Bretanha, dentro da qual ocuparia, no mínimo, a posição da Irlanda.[179] Muito depressa, no entanto, as intervenções das Cortes no Brasil desfizeram as expectativas, e os deputados que faziam parte do grupo se certificaram conclusivamente pelo projeto de relações comerciais que havia uma profunda diferença entre os seus propósitos e os dos "portugueses da Europa". Pois estes últimos estavam empenhados em fazer a "regeneração" da metrópole pela transformação do Reino Unido num espaço econômico politicamente controlado pelo Estado português, o que ia de encontro aos princípios doutrinários da Economia Política.

Por isso mesmo, os interesses e as aspirações contidos nas concepções de prosperidade dividiam o Reino Unido em dois mundos diferentes, que não se entendiam e tampouco se reconheciam. O grupo politicamente dominante dos "portugueses da Europa" pensava a ordem social e econômica em termos políticos, haja vista a importância dada ao pacto social, e tinham uma Constituição para oferecer como um remédio contra o despotismo. O grupo politicamente dominante dos "portugueses da América" compreendia a

---

179 As relações entre Inglaterra e Irlanda foram usadas diversas vezes como referência para denunciar as intervenções das Cortes no Brasil. Por exemplo, no discurso, anteriormente citado, que José Bonifácio dirigiu a D. Pedro, afirmou que "o pequeno reino da Irlanda, apenas separado da Grã-Bretanha por um estreito braço de mar, conserva todavia um governo geral com todas as atribuições do poder executivo...". *Documentos*, p.302.

A RECOLONIZAÇÃO DO BRASIL PELAS CORTES **107**

ordem política como efeito do mercado e estava convencido de que, como Smith demonstrara, o maior despotismo era o monopólio. Os "portugueses da Europa" estavam empenhados em promover a "regeneração", como se houvesse uma idade do ouro da história nacional que pudesse ser reproduzida; a Economia Política prometia aos "portugueses da América", mediante a prática da liberdade econômica, um futuro com o aumento incessante das riquezas, o progresso enfim. Os "portugueses da Europa" apoiavam-se num princípio mercantilista ao reduzir o Reino Unido, de uma só vez, a espaço econômico e território político; os "portugueses da América" haviam apreendido com Adam Smith que havia uma separação conceitual entre ambos, pois o espaço econômico é construído, dado que o mercado é uma rede, e não um lugar, e a geografia econômica não coincide com a geografia política.[180]

Em síntese, parafraseando Dockès, enquanto um grupo de "portugueses da América" adotava o princípio smithiano da "mão invisível", um grupo de "portugueses da Europa" o recusava em nome da observação aos jogos hobbesianos das "mãos visíveis dos poderes e do poder".[181] E tendo em vista a divergência sobre as concepções de prosperidade do Reino Unido, há que se concordar com o ponto de vista de Cipriano Barata de que o projeto do decreto sobre as relações comerciais foi um "contexto de impossíveis".

---

180 Sigo as observações de Rosanvallon sobre esse assunto, 1979, p.89s.
181 Pierre Dockès (2007).

V
CONSIDERAÇÕES FINAIS

No seu informe às Cortes sobre o "Estado Político do Brasil",
Silvestre Pinheiro Ferreira relatou que

os brasileiros não receiam a volta à categoria absoluta de colônias
quanto ao exercício do seu comércio e indústria. Isso sabem eles
e sabe todo mundo que é absolutamente impossível; pois o franco
tráfico tanto de um como de outro não dependem já do arbítrio do
governo: foi uma necessária conseqüência da natureza das coisas: e a
sua continuação é do mesmo modo independente do capricho.[182]

A chave dessa passagem do informe está na expressão "natureza
das coisas", uma vez que ela impediria o retorno à ordem colonial
qualquer que fosse a vontade de quem quer que fosse. Mas como Silvestre Pinheiro manteve o seu significado na obscuridade, é possível
supor que essa "natureza das coisas" diga respeito às mudanças ocorridas no Brasil a partir da transferência da sede do império português
para o Rio de Janeiro. Particularmente, diga respeito às mudanças
resultantes de providências tomadas pela Coroa que instituíram o
"franco tráfico" do "comércio e indústria", a saber: a Abertura dos

---

182 Silvestre Pinheiro Ferreira, 1923, p.40-1.

110 ANTONIO PENALVES ROCHA

Portos, a permissão para o estabelecimento de manufaturas no Brasil e o Tratado de Navegação e Comércio de 1810.

Essas disposições visavam alcançar distintos fins imediatos, embora todas fizessem parte dos esforços da monarquia para acomodar a nova sede do império português no Brasil e no quadro internacional. De fato, a decisão de abrir os portos brasileiros deveu-se à suspeita do Trono de que Portugal estava sob domínio francês, razão pela qual a monarquia suspendeu o exclusivo para evitar o risco de ficar isolada no Brasil; os Tratados de 1810 concederam o domínio comercial do império à Inglaterra como paga pela proteção que os britânicos ofereceram à Coroa portuguesa.

Mas os efeitos dessas disposições ultrapassaram as intenções imediatas de cada uma delas.

Em primeiro lugar, pelos ganhos obtidos com a Abertura dos Portos, os grupos econômicos dominantes do Brasil, entre os quais havia também comerciantes portugueses, passaram a defender o livre comércio com unhas e dentes.

Em segundo, as tarifas privilegiadas concedidas aos produtos ingleses em Portugal e no Brasil pelo Tratado de Navegação e Comércio tornaram inviável qualquer hipótese de restaurar as relações comerciais de Portugal com o Brasil da forma que vigoravam antes de 1808. Confirmando a irreversibilidade da nova ordem comercial criada por esse Tratado, o seu artigo VIII estipulava a concordância de Portugal de que

o comércio dos vassalos britânicos nos seus domínios não será restringido, interrompido ou de outro algum modo afetado pela operação de qualquer monopólio, contrato ou privilégios exclusivos de venda ou de compra, seja qual for; mas antes que os vassalos da Grande Bretanha terão livre e irrestrita permissão de comprar e de vender, e a quem quer que for, de qualquer modo ou forma que possa convir-lhe, seja por grosso ou em retalho, sem serem obrigados a dar preferência alguma ou favor em conseqüência dos ditos monopólios, contratos ou privilégios exclusivos de venda ou de compra.

A RECOLONIZAÇÃO DO BRASIL PELAS CORTES   111

Além do mais, o mesmo Tratado fixava a sua própria perpetuidade, pois seu artigo XXXII estabelecia que ele seria

ilimitado quanto à sua duração ..., e as obrigações, e condições
expressadas e contidas nele serão perpétuas, e imutáveis; e que não
serão mudadas ou alteradas de modo algum no caso que Sua Alteza
Real O Príncipe Regente de Portugal, Seus Herdeiros ou Sucessores
tornem a estabelecer a sede da monarquia portuguesa nos domínios
europeus desta Coroa.

Quanto às revisões do Tratado, o artigo XXXIII determinava
que elas só seriam feitas depois do "fim do termo de quinze anos
contados da data da troca das ratificações do mesmo" e dependeriam
do consentimento de ambos os contratantes.

Os ingleses, no entanto, jamais aceitaram revisões. Uma amostra
dessa obstinação da Inglaterra em mantê-lo integralmente encontra-
se na sua reação a uma medida das Cortes: pelo Decreto de 14 de
agosto de 1821, os deputados resolveram substituir o direito de entrada de 15%, pago em Portugal por "panos de lã e outras manufaturas
de lã britânicas", pelo de 30% que havia sido assentado, em 1703,
no Tratado de Methuen. Segundo Mirian Halpern Pereira, a medida
"desencadeou uma série de notas diplomáticas" e, em conseqüência,
o aumento do direito de entrada durou muito pouco tempo, pois a
pressão externa foi de tal ordem que a monarquia anulou o decreto
em 1823 sem sequer consultar as Cortes.[183]

Além da demonstração de que não aceitava alterações, a Inglaterra
também não permitiu, em 1825, nenhuma mudança de nenhum
de seus artigos. No fim das contas, o Tratado, tal como havia sido
assinado em 1810, vigorou em Portugal até 1836, e no Brasil, onde
a Inglaterra condicionou o reconhecimento da Independência à sua
revalidação, até 1844; ou seja, vigorou respectivamente onze e de-
zenove anos além do prazo previsto para sua revisão.

---

183 Miriam Halpern Pereira, 1979, p.38.

112 ANTONIO PENALVES ROCHA

Afora todas essas disposições econômicas, a monarquia foi obrigada a tomar algumas providências políticas para salvaguardar sua permanência no Brasil. Por isso, em 1815, o Brasil foi elevado à condição de Reino Unido de Portugal, e, em 1821, quando foi obrigado pelas Cortes a voltar para Portugal, D. João VI atribuiu poderes praticamente soberanos ao Príncipe Regente nas suas "Instruções".

A elevação do "Estado do Brasil à graduação e categoria de Reino" derivou da aplicação do "legitimismo" do Congresso de Viena à transferência da sede da monarquia para o Rio de Janeiro. E D. João VI admitiu oficialmente a interferência das potências européias para promovê-la na Carta de Lei de 10 de dezembro de 1815, na qual se lê que "meus domínios [do Brasil] já foram considerados [como Reino] pelos plenipotenciários das potências que formaram o Congresso de Viena".[184]

As "Instruções", de 22 de abril de 1821, deixadas por D. João VI pouco antes de sua volta a Portugal, delegavam poderes a D. Pedro a fim de que o Brasil permanecesse nas mãos da dinastia de Bragança. Assim, concederam ao sucessor direto do monarca "o título de príncipe regente e meu lugar tenente no governo provisório do reino do Brasil",[185] e lhe delegaram tantos poderes que, segundo Oliveira Lima, faltava muito pouco para que o Brasil constituísse um Estado independente:

carecia apenas de possuir uma representação privativa no exterior, e o regente, para ser um soberano, precisava de não ter que mandar a Lisboa, à assinatura real, os diplomas dos funcionários por ele nomeados e que entravam no exercício e fruição dos seus lugares, constituindo a assinatura uma mera formalidade. Também precisaria poder celebrar tratados de paz definitivos.[186]

A essas observações de Oliveira Lima merece ser acrescentada outra, feita por Valentim Alexandre: as "Instruções" "não previam qualquer subordinação direta [de D. Pedro] às Cortes".

---

184 *Collecção de Leis do Brazil – 1811-1815* (1890), p.62.
185 *Documentos*, p.198-9.
186 Oliveira Lima, 1922, p.67.

A RECOLONIZAÇÃO DO BRASIL PELAS CORTES   113

A propósito, na sessão de 5 de julho de 1821 das Cortes, os deputados discutiram se D. João VI deveria ou não manter o título de Rei do Reino Unido, Portugal, Brasil e Algarves. No fim das contas, não só mantiveram o título como também reconheceram implicitamente as "Instruções" ao admitirem o parecer do deputado Braamcamp de que a "união foi reconhecida por todos; parecia-me pois que se devia conservar este título; mexer nele seria dar a entender uma mudança a este respeito".[187]

Paralelamente às disposições institucionais necessárias à acomodação da monarquia no Brasil ou à sua continuidade, também foram tomadas medidas sociopolíticas, que tiveram efeitos impremeditados.

Desde a sua instalação no Brasil, a Coroa procurou agregar representantes das classes dominantes brasileiras aos quadros do Estado a fim de obter sustentação política na nova sede da monarquia. E os brasileiros agregados a esses quadros constituíram uma elite política incipiente, cuja ascensão às posições de poder do Estado ocorreu dentro de um quadro histórico marcado tanto por mudanças econômicas substantivas desencadeadas desde a Abertura dos Portos quanto pela difusão da Economia Política no Brasil.

Em conseqüência das mudanças "liberais", que promoviam crescimento econômico, e de seu abono "científico" pela Economia Política, uma disciplina vista com bons olhos pelos letrados europeus porque prometia a prosperidade, um grupo dessa elite incipiente passou a pressupor que o Brasil podia gerir autonomamente os seus negócios de acordo com os princípios econômicos, já que, para Adam Smith, este saber é

um ramo da ciência de um estadista ou um legislador, que visa atingir dois objetivos distintos: em primeiro lugar, proporcionar uma abundante receita ou subsistência abundante às pessoas ou, mais propriamente, habilitá-las a obter essa receita ou subsistência para si próprias; e, em segundo lugar, assegurar ao Estado ou à comuni-

---

187 *Diário*, sessão de 5 de julho de 1821, p.1445.

114 ANTONIO PENALVES ROCHA

dade uma receita suficiente para os serviços públicos. Desse modo, propõe-se a enriquecer tanto os indivíduos como o soberano.[188]

No quadro constituído pelas mudanças econômicas e pela difusão da Economia Política, o Brasil foi elevado a Reino. Assim, esse conjunto de circunstâncias forneceu os elementos necessários para que esse grupo de brasileiros ligado ao governo construísse uma mentalidade reinol, isto é, representasse politicamente o Brasil como um reino economicamente autônomo e politicamente autogovernado. Tanto que Silvestre Pinheiro pôs em relevo os efeitos da transformação do Brasil em Reino nos seguintes termos:

> o vulgo considerou [a elevação à categoria de reino] como uma insignificante formalidade, mas ... os políticos [a] encararam desde logo como um ato de emancipação tanto mais formal quanto era certo que por esta declaração se fazia constar oficialmente um fato aliás incontestável, a saber, que o Brasil se achava governado ... pelas suas próprias leis e por um trono nele residente, e que nada carecia, para continuar a ser respeitado pelas potências do mundo, da sua união com Portugal.[189]

E as "Instruções" de D. João VI a D. Pedro, em abril de 1821, consolidaram essa mentalidade já que davam ao príncipe regente o papel de virtual chefe de Estado do Reino do Brasil, independentemente da decisão das Cortes sobre o destino do rei em Portugal.

A origem e a natureza dessas medidas políticas em nada afetaram a constituição dessa mentalidade. Ou seja, pouco importava que a elevação a Reino estivesse ligada ao cumprimento de uma determinação do Congresso de Viena; tampouco importava que a validade legal das "Instruções" fosse discutível, pois D. João VI não tinha atribuições para delegar poderes ao filho dado que concordara em submeter-se às Cortes, que momentaneamente exerciam a autoridade tanto de parlamento quanto de assembléia constituinte. O que efetivamente

---

188 Adam Smith, 1981, v.1, p.428.
189 Silvestre Pinheiro Ferreira, 1976, p.86.

A RECOLONIZAÇÃO DO BRASIL PELAS CORTES 115

contava é que havia autonomia econômica, crescimento econômico e um reino brasileiro.

Enfim, os efeitos de todas as medidas de D. João VI inviabilizavam de fato a volta do Brasil à condição de colônia, pois as mudanças que provocaram foram enredadas numa teia de interesses econômicos, políticos e diplomáticos, tecida por ingleses, brasileiros, monarquia portuguesa e monarquias européias. A propósito, as monarquias européias marcaram presença nesse quadro tanto na elevação do Brasil a Reino pelo Congresso de Viena quanto no casamento da filha do imperador da Áustria, um dos líderes da Santa Aliança, com D. Pedro.

Nesse contexto, os resultados inesperados das disposições – ou a "natureza das coisas", segundo Silvestre Pinheiro – ergueram obstáculos intransponíveis para o efetivo restabelecimento do exclusivo.

Os contemporâneos tinham consciência disso tudo, a julgar pela observação de Pinheiro de que os brasileiros e "todo mundo" sabiam que seria impossível a "volta [do Brasil] à categoria absoluta de colônias", pois a continuidade do "franco tráfico" não dependia mais do "arbítrio do governo" e do "capricho".

Em 1822, as intervenções das Cortes, iniciadas no ano anterior, foram traduzidas pela mentalidade reinol na noção de recolonização. De fato, em conformidade com a representação do Brasil construída por essa mentalidade, o grupo de brasileiros que havia sido agregado aos quadros do governo denunciou o caráter recolonizador das intervenções, pois, com tais medidas, as Cortes desrespeitavam o Reino do Brasil. Nesses termos, o grupo presumia que as intervenções eram recolonizadoras porque o Brasil não era mais colônia, pois, a rigor, só mesmo uma ex-colônia que está sob ameaça de voltar ao seu antigo estado pode ser recolonizada. Posto de outra forma, a mentalidade reinol da incipiente elite política brasileira foi o caldo de cultura que possibilitou o desenvolvimento da noção de recolonização, que aliás coincide com o surgimento dos vocábulos e das expressões que a traduzem. Como os vocábulos e expressões referentes a ela foram criados e empregados por um grupo político, encerravam um juízo de valor (o de que a política das Cortes era nociva ao Brasil) que se

116 ANTONIO PENALVES ROCHA

desdobrava em ações políticas seja pela desobediência das intervenções das Cortes, seja, em última instância, pela disposição de romper os vínculos com Portugal, isto é, de tornar o Brasil independente.

Sendo assim, a noção de recolonização, como denunciavam os deputados portugueses, não fazia parte de um ardil para promover a independência, nem tampouco foi o resultado da "cegueira" e da "alucinação" de um pequeno grupo de brasileiros. Com efeito, as intervenções das Cortes no Brasil assumiam concretamente um caráter recolonizador do ponto de vista da mentalidade reinol, e se realizava a cada ingerência que desconsiderava a condição do Brasil de reino economicamente autônomo e politicamente autogovernado.

Isso, no entanto, não significa que os deputados portugueses distorceram os fatos ao lamentar, de acordo com a Proclamação das Cortes de agosto de 1822, a "cegueira" e a "alucinação" dos brasileiros por acreditarem na recolonização. As Cortes certamente não tinham intenção alguma de, ao pé da letra, promover a recolonização, como comprova o projeto do decreto sobre as relações comerciais, pois sabiam, como os brasileiros, que as circunstâncias históricas inviabilizariam o restabelecimento do exclusivo. Não bastasse isso, acreditavam que o projeto de relações comerciais produziria benefícios mútuos ao Brasil e a Portugal, muito embora o comércio dentro do espaço do Reino Unido devesse servir de arrimo à "regeneração" de Portugal.

Em resumo, a denúncia de recolonização feita pela elite brasileira objetivava defender o estado de coisas existente no Brasil depois de 1808 e fazer frente à ingerência de Lisboa nos negócios brasileiros, e as Cortes pretendiam que Portugal exercesse domínio comercial sobre o Brasil, sem, no entanto, restaurar o estatuto colonial. Os mal-entendidos na década de 1820 sobre o significado dos neologismos "recolonizar" e "recolonização" derivaram da oposição entre o que eles conotavam para os brasileiros (ingerência num reino) e o que denotavam para os portugueses vintistas (restabelecimento da ordem colonial).

Mas, a partir da Independência, o que havia de denotativo nos vocábulos passou a ser empregado para efeitos de legitimação do Estado Nacional brasileiro, e o trabalho de José da Silva Lisboa transformou a recolonização do Brasil pelas Cortes num fato histórico. Em vista disso tudo, pode-se dizer que a recolonização, como está presente na memória nacional brasileira e portuguesa, foi uma invenção historiográfica. Com efeito, os documentos atestam que nunca houve tentativa de recolonização do Brasil pelas Cortes, e sim que a noção de recolonização serviu inicialmente para expressar um sentimento criado pela mentalidade reinol de um grupo de brasileiros. Entre os serviços que prestou ao Império, a *História dos principaes successos...* de José da Silva Lisboa, apresentou a Independência como a contra-revolução da Revolução de 1820, dado que seus líderes rejeitavam os princípios da "cabala maçônica e jacobínica" portuguesa, que tinha um "plano de recolonização" do Brasil. Os historiadores do século XIX que investigaram a Independência encontraram referências à recolonização nos documentos oficiais e a exposição de um "plano de recolonização" das Cortes num livro de história de José da Silva Lisboa, um contemporâneo que lhes pareceu uma testemunha confiável dos fatos. Por isso, adotaram a idéia do plano e transformaram argumentos destinados à legitimação política em retratos de um hipotético fato histórico.

Depois de lhe ter sido atribuída essa condição pelos historiadores do século XIX, a recolonização, como fato desencadeador da Independência, teve seu lugar garantido na história pela historiografia do século XX. Contudo, a partir dos meados do século XX, houve um salto na apreciação desse "fato" quando, no Brasil, a História adquiriu novas feições com a profissionalização do historiador e com novo estatuto imposto pela interpretação econômica. A partir de então, em nome do conhecimento científico da história, o que era uma invenção historiográfica tornou-se uma ficção economicista uma vez que a recolonização passou a ser vista como remate econômico de uma seqüência de intervenções administrativas, militares e políticas das Cortes que restauraria o exclusivo. E alguns historiadores foram tão longe nessa interpretação que chegaram até mesmo a apostar no *se*, conjugando os verbos no futuro do pretérito, como, por exemplo, "*se* o projeto fosse aprovado, *seria* restaurada a ordem colonial", fazendo, dessa forma, especulações sem nenhuma sustentação empírica.

118 ANTONIO PENALVES ROCHA

O Manifesto de Falmouth, de outubro de 1822, é a única fonte histórica sobre o caráter recolonizador do projeto de relações comerciais. De fato, lê-se aí que, pelo projeto, as Cortes aspiravam,

arteiramente soldar os já quebrados ferros do sistema colonial, erigir de novo Portugal em depósito privativo dos gêneros do Brasil, e fechar quase aquele reino à indústria estranha, por proibições diretas ou por meio de restrições equivalentes a proibições...

Antes de tudo, o que chama a atenção nessa passagem é que seus signatários, os dois Andradas que estiveram nas Cortes – Antonio Carlos e José Francisco –, pensavam em conformidade com a mentalidade reinol, razão pela qual acusavam as Cortes de intentar "arteiramente soldar os já *quebrados ferros do sistema colonial*" [grifo meu].

É, no entanto, um despropósito basear-se no Manifesto de Falmouth para atestar que as Cortes pretendiam fazer o Brasil voltar ao que era antes de 1808 por uma série de razões. Em primeiro lugar, o projeto de fato não restaurava o exclusivo, e os redatores do Manifesto, para fins de justificativa política, forçaram a mão ao afirmarem que a soldagem denunciada estava em curso; tanto é assim que chegaram a essa conclusão mesmo depois de terem reconhecido no mesmo texto que o projeto pretendia "erigir de novo Portugal em depósito privativo dos gêneros do Brasil" e tinha a intenção de "fechar *quase* [grifo meu] aquele reino [Brasil] à indústria estranha". Em segundo lugar, a objetividade do conteúdo do Manifesto estava comprometida pelas próprias circunstâncias que envolveram a sua redação, haja vista que os seus signatários estavam em Falmouth na Inglaterra porque haviam fugido de Lisboa. Em terceiro lugar, como Antonio Carlos participou de sua redação, o Manifesto expressava a opinião de quem havia aderido à doutrina econômica de Adam Smith e, por isso mesmo, observava a ausência de simetria das relações comerciais entre Portugal e Brasil, pretendida por um projeto de decreto, como interferência político-econômica típica da dominação colonial. Ou seja, na falta de "ferramentas mentais"

A RECOLONIZAÇÃO DO BRASIL PELAS CORTES   119

que permitissem criticar o substrato mercantilista do projeto, os signatários denunciavam a determinação das Cortes de reproduzir a dominação metropolitana que vigorou até 1808; e esse substrato jazia nos princípios de que, primeiro, haveria um ganhador e um perdedor nas relações comerciais, pois Portugal pleiteava o direito a uma indenização em seu comércio com o Brasil e, segundo, seria constituído um mercado geograficamente delimitado. Por último, deve ser lembrado que se trata de um Manifesto inócuo, uma vez que foi lançado na Inglaterra em outubro de 1822, e que, para os contemporâneos, a independência do Brasil havia sido declarada por D. Pedro em agosto de 1822.[190]

Por fim, os trabalhos mais recentes de historiadores que negam a existência de uma tentativa de recolonização, como ela foi observada pela principal corrente historiográfica da Independência, correm o risco de perder de vista que houve realmente uma intenção de dominação das Cortes sobre o Brasil no sentido preciso de sujeitá-lo política e comercialmente a Lisboa em benefício da recuperação econômica de Portugal.

O projeto de decreto que realizaria a sujeição fora edificado sobre princípios mercantilistas, embora não tivesse a pretensão de restaurar o exclusivo. De qualquer maneira, no seu alicerce, a economia estava subordinada à política, tanto que os "regeneradores" pretenderam pactuar a sujeição com os deputados brasileiros nas Cortes e assim celebrar um "pacto metropolitano".

Mas, a partir dos fins do século XVIII, a Economia Política passou a veicular uma representação da economia diferente da representação mercantilista, visto que a autonomizava em relação ao político e ao social e, ao mesmo tempo, subordinava a política ao mercado. Além do mais, oferecia também outro modelo de representação das relações internacionais, segundo o qual o livre comércio espontaneamente beneficiaria todas as nações e eliminaria os riscos da rivalidade entre elas, causados pelo que David Hume chamou de "inveja dos negócios" (*jealousy of trade*). Em nome dos supostos benefícios que seriam

---

190 Ver nota 18.

120 ANTONIO PENALVES ROCHA

gerados pela aplicação desse modelo e das intenções das Cortes, a incipiente elite brasileira recusou o "pacto metropolitano" e advogou a independência do Brasil.

Na mesma década em que fracassou o projeto das Cortes, a força da nova representação da economia se manifestou também noutro caso formalmente análogo ao da divergência entre os "portugueses dos dois hemisférios". De fato, foi também na década de 1820 que os produtores antilhanos de açúcar propuseram um "pacto colonial" ao governo francês, que reivindicava o direito ao monopólio do açúcar na metrópole como compensação pelo direito de monopólio dos produtos metropolitanos na colônia.[191] E os motivos alegados pelo governo francês para recusar a reivindicação foram parecidos com os alegados pelos brasileiros para recusar o domínio de Lisboa sobre o Reino Unido.

Em que pesem as diferenças entre os dois casos, no fracasso de ambas as tentativas encontram-se experiências históricas pioneiras referentes às relações entre metrópole e colônia num mundo que começava não só a associar o livre comércio com a prosperidade nacional como também a subordinar a política à economia. Pois ambas as experiências demonstraram que na hipótese de um grupo dominante metropolitano (no caso de Portugal) ou colonial (no caso da França) se achar economicamente enfraquecido estaria politicamente entregue à sua própria sorte. Ou seja, a noção de interesse da ideologia econômica não deixava espaço tanto para os "sacrifícios", solicitados pelos portugueses aos brasileiros, quanto para a reciprocidade, reivindicada pelos colonos franceses aos franceses da metrópole, não obstante os impérios coloniais continuarem existindo em conformidade com os modelos de dominação construídos nos princípios da Idade Moderna. Mas não tardou muito para que surgisse a teoria do imperialismo do livre comércio, que nortearia noutros termos um novo modelo de sujeição econômica nas relações internacionais.

---

191 Ver nota 54.

VI
FONTES E BIBLIOGRAFIA

1. Fontes

ALMEIDA, M. de. *Compêndio de Economia Política* (1821). Introd. e dir. de Maria Fátima Brandão. In: CARDOSO, J. L. (Coord.) *Collecção de Obras Clássicas do Pensamento Económico Português*. Lisboa: Banco de Portugal, 1993. v.6. BALBI, A. *Essai Statistique sur le Royaume de Portugal et D'Algarve...* Paris: Rey et Gravier, 1822. 2v.

CALMON, F. M. de G. (Pref. e Org.) *A Economia Brasileira no alvorecer do século XIX*. Salvador: Livraria Progresso, 1923.

Collecção de Leis do Brazil – 1808. Rio de Janeiro: Imprensa Nacional, 1891.

Collecção de Leis do Brazil – 1811-1815. Rio de Janeiro: Imprensa Nacional, 1890.

CONSTÂNCIO, F. S. "Resenha Analytica do livro *Vozes dos Leais Portugueses, etc.* de Henrique Maximino Dulac". *Annaes da Sciencias, das Artes e das Letras*, t.V, jun. 1819.

──────────. Resenha Analytica. *Dos Leaes Portuguezes, etc., etc.". Annaes das Sciencias, das Artes e das Letras*, t.XIV, out. 1821.

──────────. *Diário das Cortes Geraes e Extraordinárias da Nação Portuguesa*. Lisboa, 1821-1822.

──────────. *Documentos para a História das Cortes Geraes da Nação Portuguesa*. Lisboa: Imprensa Nacional, 1883. t.I.

──────────. *Documentos para a História da Independência*. Rio de Janeiro: Biblioteca Nacional, 1923. v.1.

122 ANTONIO PENALVES ROCHA

DULAC, A. M. *Vozes dos Leais Portugueses ou fiel echo das suas novas acla-mações á Religião a El Rei, e ás Cortes destes Reinos, com a franca exposição que a estas fazem das suas queixas e remédios que lhes implorão dos seus males*. Dedicado às mesmas Cortes. Lisboa: Impressão Régia, 1820. 2 t.

FERREIRA, S. P. *Cartas sobre a Revolução do Brasil*. In: JUNQUEIRA, C. (Dir.). *Idéias políticas*. Introd. de Vicente Barreto. Rio de Janeiro: Documentário, 1976.

FRANCO, F. S. *Ensaio sobre os Melhoramentos de Portugal e do Brasil*. Lisboa: Imprensa Nacional, 1821.

_____. *Estado Político do Brasil*. In: *Documentos para a História da Independência*. Rio de Janeiro: Biblioteca Nacional, 1923. v.1.

LISBOA, J. da S. Elogio ao Excelentíssimo Conde de Linhares. *Investi-gador Português em Inglaterra – Jornal Literário, Político, etc.*, n.XII, jun. 1812.

_____. *História dos Principais Sucessos Políticos do Império do Brasil*. Rio de Janeiro: Tipografia Imperial e Nacional, 1826. 2v.

_____. *Princípios de Economia Política*. 2.ed. Comentários e anotações de Nogueira de Paula. Rio de Janeiro: Pongetti, 1956.

Memória dos Trabalhos da Comissão para o Melhoramento do Comércio nesta Cidade de Lisboa, Criada por Determinação das Cortes Gerais, Extraordinárias e Constituintes da Nação Portuguesa de 28 de agosto de 1821 – composta por 24 membros eleitos por todos os negociantes da mesma praça. Lisboa: Typhografia Rollandiana, 1822.

MORAES, A. J. M. *História do Brasil-Reino e do Brasil-Império (1871-1873)*. 2.ed. Belo Horizonte: Itatiaia, 1982. 2t.

NEMOURS, Du P. 1ᵉʳ Lettre – Dupont de Nemours a J.-B. Say. In: DAIRE, E. (Org.) *Physiocratie (1846)*. Genebra: Slatkine Reprint, 1971.

NEVES, J. A. *Memória sobre os Meios de Melhorar a Indústria Portuguesa, Considerada nos seus Diferentes Ramos*. Lisboa: Oficina de Simão Tadeu Ferreira, 1820.

SILVA, A. D. (Org.) *Collecção da Legislação Portugueza – Legislação de 1802 a 1810*. Lisboa: Typhografia Maigrense, 1826

SILVA, J. B. de A. e. *Lembranças e Apontamentos do Governo Provisório para os Senhores Deputados da Província de São Paulo* (1821). In: FALCÃO, E. de C. (Org.) *Obras científicas políticas e sociais de José Bonifácio de Andrada e Silva*. São Paulo: Revista dos Tribunais, 1965. v.II.

SMITH, A. *An Inquiry into the Nature and Causes of the Wealth of Nations* (1776). CAMPBELL, R. H. & SKINNER, A. S. (Eds.) Indianapolis: Liberty Fund, 1981. 2v.

A RECOLONIZAÇÃO DO BRASIL PELAS CORTES 123

2. Bibliografia

ABREU, J. C. de. Sobre o Visconde de Porto Seguro. In: ABREU, J. Capistrano de. *Ensaios e estudos (crítica e história)*. Rio de Janeiro: Livraria Briguiet, 1931. v.1.

ALEXANDRE, V. O nacionalismo vintista e a questão brasileira: esboço de análise política. In: ALEXANDRE, V. *Velho Brasil Novas Áfricas – Portugal e o Império (1808-1975)*. Porto: Afrontamento, 2000.

_____. O processo da Independência do Brasil. In: BETTENCOURT, F., CHAUDHURI, K. (Dir.) *História da Expansão Portuguesa*. Lisboa: Círculo de Leitores e Autores, 1998. v.4.

_____. *Os sentidos do império – Questão Nacional e Questão Colonial na Crise do Antigo Regime Português*. Porto: Afrontamento, 1993.

ALMODOVAR, A. Caminhos para a Economia Política em Portugal (1789-1836). In: ALMODOVAR, A. (Org.) *Estudos sobre o pensamento econômico em Portugal*. Porto: Faculdade de Economia da Universidade do Porto, 1990.

_____. O pensamento económico clássico em Portugal. In: CARDOSO, J. L. (Org. e Pref.) *Contribuições para a História do Pensamento Económico em Portugal*. Lisboa: Publicações D. Quixote, 1988.

_____. *A institucionalização da Economia Política Clássica em Portugal*. Porto: Afrontamento, 1995.

ARRIAGA J. de. *História da Revolução Portugueza de 1820*. Porto: Livraria Portuense, 1887. 4v.

BARMAN, R. J. *Brazil, the forging of a nation, 1798-1852*. California: Stanford University Press, 1988.

BETHELL, L. The Independence of Brazil. In: BETHELL L. (Ed.) *The Cambridge History of Latin America*, v.III, *From Independence to c. 1800*. Cambridge: Cambridge University Press, 1989.

CALASANS, J. *Os vintistas e a "regeneração" econômica de Portugal*. Bahia: S. A. Gráficas, 1959.

CARDOSO, J. L. (Introd. e Ed.) *Memórias Econômicas da Academia da Academia Real das Ciências de Lisboa – 1789-1815*. In: CARDOSO, J. L. (Coord.) *Collecção de Obras Clássicas do Pensamento Económico Português*. Lisboa: Banco de Portugal, 1990. v.1, 5t.

_____. (Introd. e Notas) *Memórias Económicas Inéditas (1780-1808)*. Lisboa: Academia das Ciências de Lisboa, 1987.

124 ANTONIO PENALVES ROCHA

_____. A legislação económica do vintismo: economia política e política económica nas Cortes Constituintes. In: CARDOSO, J. L. *Pensar a Economia em Portugal – digressões históricas*. Lisboa: Difel, 1997.

_____. *O Pensamento Econômico em Portugal nos finais do século XVIII*. Lisboa: Editorial Estampa, 1989.

_____. Nas malhas do Império: a Economia Política e a política colonial de D. Rodrigo de Souza Coutinho. In: CARDOSO, J. L. (Coord.). *A Economia Política e os dilemas do Império Luso-brasileiro (1790-1822)* (no prelo). Lisboa: Comissão dos Descobrimentos, 2001.

CARVALHO, J. de. A Obra Legislativa das Cortes. In: PERES, D. (Dir.). *História de Portugal*. Barcelos: Portucalense Editora, 1935. v.VII.

CARVALHO, M. E. G. de. *Os Deputados brasileiros nas Cortes Geraes de 1821*. Porto: Chardron, 1912.

CASTRO, A. *O Pensamento Econômico no Portugal Moderno (de fins do século XVIII a começos do século XIX)*. Venda Nova – Amadora: Instituto de Cultura Portuguesa, 1980.

COSTA, E. V. da. A consciência liberal nos primórdios do Império. In: COSTA, E. V. da. *Da Monarquia à República: momentos decisivos*. São Paulo: Grijalbo, 1977.

_____. Introdução ao estudo da emancipação política do Brasil. In: MOTA, C. G. (Org.) *Brasil em Perspectiva*. 2.ed. São Paulo: Difel, 1969.

_____. José Bonifácio: Homem e Mito. In: MOTA, C. G. (Org.) *1822 – Dimensões*. São Paulo: Perspectiva, 1972.

DAIRE, E. (Org.) *Physiocrates (1846)*. Genebra: Slatkine Reprints, 1971.

DIAS, M. O. da S. Interiorização da Metrópole (1808-1853). In: MOTA, C. G. (Org.) *1822 – Dimensões*. São Paulo: Perspectiva, 1972.

DOCKÈS, P. Hobbes et l'économique. *Astérion*, n.5, jul. 2007. Disponível em http://asterion.revues.org/document801.html.

HALÉVY, E. *La Formation du Radicalisme Philosophique (1901)*. Paris: PUF, 1995. 3v.

HASBACH, G. "Les fondements philosophiques de l'économie politique de Quesnay et de Smith". *Revue d'Économie Politique*, VII, 1893.

FAORO, R. (Org. e Introd.) *O debate político no processo da independência*. Rio de Janeiro: Conselho Federal de Cultura, 1973.

_____. *Os donos do poder – formação do patronato político brasileiro* (1958). 2.ed. aument. e revis. Porto Alegre: Globo, 1975. 2v.

A RECOLONIZAÇÃO DO BRASIL PELAS CORTES 125

FAUSTO, B. *História do Brasil*. São Paulo: Editora da Universidade de São Paulo, 1994.

FIELDHOUSE, D. K. Colonialism: economic aspects. In: SILLS, D. L. (Org.) *Internacional Encyclopaedia of Social Sciences*. The Macmillan Company & The Free Press, 1968.

FOGEL, R. W. & ENGERMAN, S. L. *Time on the Cross*. Boston: Little Brown, 1974. 2v.

HALÉVY, E. *La Formation du Radicalisme Philosophique* (1901). Paris: PUF, 1995. 2v.

HOLANDA, S. B. de. A Herança Colonial – sua desagregação. In: HOLANDA, S. B. de (Dir.) *História geral da civilização brasileira*. São Paulo: Difel, 1965. t.II, v.1

_____. Apresentação. *Obras econômicas de J. J. Coutinho*. São Paulo: Nacional, 1966.

JÚNIOR, C. P. *Evolução política do Brasil e outros estudos* (1933). 8.ed. São Paulo: Brasiliense, 1972.

LIMA, O. D. *João VI no Brasil 1808-1821*. 2.ed. Rio de Janeiro: José Olympio. 1945. 3v.

_____. *O movimento da Independência – 1821-22*. São Paulo: Melhoramentos, 1922.

MAXWELL, K. Condicionalismos da independência do Brasil. In: SERRÃO, J., MARQUES, A. H. O. *Nova História da Expansão Portuguesa*, v.VIII, SILVA, M. B. N. (Coord.). *O Império Luso-Brasileiro – 1750-1822*. Lisboa: Editorial Estampa, 1986.

MELLO, P. C. de & SLENES, R. W. Análise econômica da escravidão no Brasil. In: NEUHAUS, P. (Org.) *Economia brasileira: uma visão histórica*. Rio de Janeiro: Campus, 1980.

MONTEIRO, T. *História do Império – a elaboração da Independência* (1927). 2.ed. Belo Horizonte: Itatiaia, 1981. 2t.

NEVES, L. M. B. P. O império luso-brasileiro redefinido: o debate político da Independência (1820-1822). *Revista do Instituto Histórico e Geográfico Brasileiro*, 156 (387), p.297-307, abr./jun. 1995.

NOVAIS, F. & MOTA, C. G. *A independência política do Brasil* (1986). 2.ed. São Paulo: Hucitec, 1996.

PEREIRA, M. H. Revolução, finanças e dependência externa. In: PEREIRA, M. H. (Org.) *Revolução, finanças e dependência externa*. Lisboa: Sá da Costa, 1979.

126 ANTONIO PENALVES ROCHA

ROCHA, A. P. *A economia política na sociedade escravista.* São Paulo: Hucitec-Departamento de História da USP, 1996.

_____. As observações de Jean-Baptiste Say sobre a escravidão. *Estudos Avançados*, 38, p.181-212, jan./abr. 2000.

_____. Idéias antiescravistas da Ilustração na sociedade escravista brasileira. *Revista Brasileira de História*, 39, v.20, p.37-68, 1999.

RODRIGUES, J. H. *Independência: revolução e contra-revolução*; v.1 – A *evolução política*. Rio de Janeiro: Francisco Alves, 1975-1976. 4v.

ROSANVALLON, P. *Le libéralisme économique. Histoire de l'idée de marché.* Paris: Éditions de Seuil, 1979.

RUSSEL-WOOD, A. J. R. Preconditions and Precipitants of the Independence Movement in Portuguese America. In: RUSSEL-WOOD, A. J. R. (Org.) *From Colony to Nation.* Baltimore: The Johns Hopkins University Press, 1975.

SÁ, V. E. Domínio Ultramarino. In: PERES, D. (Dir.) *História de Portugal.* Barcelos: Portucalense Editora, 1935. v.VII.

SANTOS, F. P. *Geografia e economia da Revolução de 1820.* 3.ed. Lisboa: Publicações Europa-América, 1980.

SCHNAKENBOURG, C. *Histoire de l'industrie sucrière en Guadeloupe aux XIXe et XXe siècles, t.1 La crise du système esclavagiste (1835-1847).* Paris: L'Harmattan, 1980.

SILVA, J. M. P. da. *História da fundação do império brazileiro* (1864). 2.ed. Rio de Janeiro: Garnier, 1877. 3t.

SKINNER, Q. *Liberdade antes do liberalismo.* Trad. port. São Paulo: Unesp, 1999.

SOUSA, O. T. de S. *José Bonifácio* (1945). In: SOUSA, O. T. *História dos fundadores do Império do Brasil.* 3.ed. Rio de Janeiro: José Olympio, 1972. v.1, 7v.

TARRADE, J. *Le commerce colonial de la France à la fin de L'Ancien Régime. L'Évolution du régime de l'exclusif de 1763 à 1789.* Paris: PUF, 1972. 2v.

VARNHAGEN, F. A. de. *História da independência do Brasil.* 2.ed. Rio de Janeiro: Revista do Instituto Histórico e Geográfico, s/d.

VII
ANEXOS

1. Anexo A: Artigos da Comissão para o melhoramento do comércio da cidade de Lisboa

I. o comércio entre Portugal e o Brasil deve ser considerado como de províncias do mesmo continente e como tal reputado de cabotagem.

II. deve ser unicamente permitido aos navios nacionais de construção e propriedade portuguesa fazerem o comércio de porto a porto nas possessões portuguesas, ficando entendido que todos os navios de construção estrangeira que existirem em propriedade portuguesa na época que o Soberano Congresso houver por bem aprovar o princípio estabelecido no presente artigo deverão ser considerados como se fossem de construção nacional.

III. Os produtos de agricultura ou de indústria de Portugal e Brasil que se exportarem de um para outro continente nacional deverão ser isentos de todo e qualquer direito de saída, ficando estes reduzidos ao de 1% de fragatas.

IV. O ouro, ou prata, tanto em moeda, como em barra, seja nacional ou estrangeira, que se exportar entre as possessões portuguesas, será livre de todos os direitos tanto de entrada

128 ANTONIO PENALVES ROCHA

como de saída, precedendo somente um simples manifesto na repartição que para isto for designada.

V. os direitos de consumo dos produtos de agricultura e indústria nacional deverão ser tanto no Brasil como em Portugal regulados segundo sua natureza, de maneira que se promova a indústria nacional.

VI. os direitos de consumo sobre os produtos de agricultura e indústria estrangeira, importados em Portugal e Brasil serão iguais e regulados de maneira que se promova a indústria nacional.

VII. os mesmos artigos do §VI importados em navios portugueses na conformidade do § II pagarão de direitos de entrada menos 1/3 do que pagariam se viessem em navios estrangeiros, excetuando-se as fazendas inglesas, enquanto durar o Tratado de 1810.

VIII. as pautas que fixam os valores para os direitos do consumo deverão ser iguais tanto em Portugal como no Br.

IX. os artigos de produção e indústria estrangeira, que tiverem pago os direitos de consumo, será livre o seu trânsito de umas para outras possessões portuguesa e serão isentos de direitos de saída.

X. os gêneros compreendidos no artigo antecedente, para não pagarem novo direito de consumo na província a que se destinarem, não serão acompanhados de certidões ou cartas de Guia das alfândegas onde tiverem pago os direitos de consumo e só se apresentarão dos respectivos despachos da Mesa que for encarregada de fiscalizar as saídas.

XI. os artigos de produção da indústria estrangeira que se acharem depositados nas alfândegas de Portugal e Brasil e se despacharem para serem reexportados de um para outro continente, deverão pagar de saída unicamente 1% e as despesas braçais e armazéns sem mais emolumento algum.

XII. os artigos reexportados na conformidade do § XI em navios nacionais conforme o § II pagarão de direito de consumo 2/5 do que pagariam se fossem em direitura dos portos estrangeiros em navios estrangeiros.

A RECOLONIZAÇÃO DO BRASIL PELAS CORTES 129

XIII. os artigos de produção e indústria estrangeira que forem proibidos ao consumo em Portugal o serão também no Brasil para perfeita reciprocidade; porém quando o Soberano Congresso, por motivos que a Comissão não pode presumir, julgue que não deve haver proibição absoluta de tais artigos, em tal caso admitir-se-ão ao consumo de Portugal os artigos estrangeiros idênticos aos de produção do Brasil.

XIV. os artigos de produção e indústria do Brasil que se exportarem dos portos daquele continente para os portos estrangeiros em direitura pagarão os direitos da Tabela junta a fim de animar e promover a navegação nacional de todo o Reino Unido.

XV. os artigos de produção e indústria do Brasil que se acharem nos depósitos de alfândegas de Portugal e se reexportarem para os portos estrangeiros pagarão de direitos de saída unicamente 1% e as despesas braçais às Companhias, sem mais emolumento algum aos oficiais da alfândega, nem armazéns, por serem os da alfândega de Lisboa, feitos pelo comércio; e o mesmo se estenderá com os artigos de produção de Portugal, que se acharem em iguais circunstâncias no Brasil.

XVI. enquanto as rendas nacionais não permitirem a abolição dos privativos do pau-brasil, urzela, marfim e diamantes, será muito conveniente à navegação e ao comércio nacional que o porto de Lisboa seja o depósito e mercado geral dos ditos artigos, dando-se para esse fim as maiores providências para promover o aumento das remessas daquelas produções das províncias produtoras.

XVII. deverá ser livre e franca a exportação do tabaco em corda e em folha para todos os portos estrangeiros da mesma maneira que o é no Brasil, sem restrição alguma, à semelhança do que se pratica com todas as outras produções do Brasil, devendo-se por isso na nova arrematação do contrato quando continua o estanco, fazer novas condições; e seria muito conveniente que tal permissão pudesse ter efeito imediatamente antes que acabe o atual contrato, havendo para esse fim prévia inteligência com os atuais contratadores.

130 ANTONIO PENALVES ROCHA

XVIII. deverá ser admitido no porto de Lisboa o tabaco de refugo, tanto em rolos, como em magotes, ou em folha, para ser livremente reexportado para os portos estrangeiros, conforme o artigo XVII, o que será especificado nas futuras condições do contrato.

XIX. o peso e a medida, tanto líquida como de capacidade, deverão ser igualados em todo o Reino Unido a um só e geral sistema, devendo impreterivelmente ser todos os anos aferidos, sob pena de graves multas pecuniárias.

XX. para maior felicidade do comércio e os gêneros serem mais bem acondicionados, não se permitirá que as caixas de açúcar excedam ao peso de 16 arrobas e se determinará que sejam regularmente construídas. As sacas de algodão não deverão exceder 5 arrobas, e serão feitas em forma quadrilonga (vulgarmente chamadas de caixão) e a capa deverá ser de pano de algodão forte e as costuras unidas. Os rolos de tabaco não deverão exceder a 15 arrobas e os fardos de folha a 20 arrobas e os que transgredirem tal regulamento deverão sofrer uma pena pecuniária tal que os obrigue a serem exatos cumpridores da lei.

XXI. as Mesas de Inspeção do Brasil deverão ser rigorosamente responsáveis pelos abusos na inspeção do algodão e farão efetivas as leis de responsabilidade contra os lavradores que cometerem fraude no peso das taras das caixas de açúcar e paus nos rolos de tabaco, bem como pelo dolo e falsificação na qualidade dos gêneros, pelo que deverão os lavradores ser responsáveis, obrigando-os para isso a porem as suas marcas em todos os volumes.

XXII. as Inspeções no Brasil deverão tomar novo e geral sistema de classificar o açúcar, devendo ser designados 1, 2 e 3, tanto no branco como no mascavo e deixar franco ao comércio os preços fixos e a diferença destas classificações; o tabaco em folha deverá ser classificado como se pratica com o de corda, permitindo-se a sua livre exportação.

XXIII. que seja permitida a exportação da pólvora das fábricas nacionais por todos os portos do Reino Unido e suas possessões, continuando a proibição da pólvora estrangeira.

2. Anexo B: Projeto de Decreto sobre as relações comerciais no Reino Unido da Comissão Especial das Cortes

1º O comércio entre os reinos de Portugal, Brasil e Algarves será considerado como de províncias de um mesmo continente.

2º É permitido unicamente a navios nacionais de construção e propriedade portuguesa fazer o comércio de porto a porto em todas as possessões portuguesas. Todos os navios estrangeiros, que forem de propriedade portuguesa ao tempo da publicação do presente decreto, são considerados de construção portuguesa.

3º Os produtos de agricultura, ou de indústria, de Portugal, Brasil, Algarves e Ilhas, que se exportarem de uns para outros portos, serão isentos de todo e qualquer direito de saída, pagando 1% do seu valor para as despesas de fiscalização. O vinho, porém, continuará a pagar além deste 1% mais os direitos hipotecados para a amortização do papel moeda, os quais serão descontados nos portos de consumo, levando para isso os competentes despachos. Estes direitos descontados nos portos de consumo do vinho serão levados em conta nas contribuições que cada uma das respectivas províncias houver de pagar para as despesas gerais da nação.

4º O ouro e a prata, tanto em barra, como em moedas nacionais ou estrangeiras que forem de umas para outras possessões portuguesas serão livres de todos os direitos, ou sejam de saída, ou sejam de entrada: porém obrigados os condutores, ou proprietários de tais metais a manifestar as porções deles nas alfândegas de exportação e importação sob pena de perdimento da 4ª parte, metade para o denunciante e a outra metade para o Estado.

5º O mais breve possível se estabelecerá em todo o reino unido uma perfeita igualdade e uniformidade de moedas nacionais de ouro, prata e cobre.

6º Com igual liberdade se estabelecerá também um mesmo sistema de medidas, tanto de líquidos, como de capacidade, para todo o Reino Unido de Portugal, Brasil e Algarves, as quais deverão ser aferidas todos os anos.

132 ANTONIO PENALVES ROCHA

7º Fica proibida nos portos de Portugal, Algarve e ilhas adjacentes a entrada para o consumo de açúcar, tabaco em corda, e em folha, algodão, café, cacau e aguardente de cana, ou de mel, que não forem de produção do Brasil. Fica igualmente proibida a entrada de arroz que não for do Brasil, enquanto o preço médio não exceder 4$800 r. por quintal; mas logo que exceda poderá ser admitido outro arroz, pagando os direitos que atualmente paga.

8º Os mais gêneros de produção do Brasil importados nos referidos portos para consumo continuarão a pagar os direitos que já pagam: os de igual natureza, que não forem do Brasil, poderão ser admitidos para consumo, pagando o duplo dos direitos que pagam os do Brasil.

9º Fica proibida nos portos do reino do Brasil a entrada para consumo de vinho, vinagre, aguardente de vinho e sal que não forem de propriedade de Portugal, Algarves e Ilhas adjacentes. Fica igualmente proibida a entrada do azeite, que não for de Portugal, enquanto o preço deste não exceder no Brasil 150$000 r. por pipa comum; e logo que exceda, poderá ser admitido o azeite estrangeiro, pagando de direitos o duplo que paga o de Portugal.

10º Os mais gêneros de produção de Portugal, Algarves e Ilhas adjacentes importados aos referidos portos do Brasil pagarão os mesmos direitos que presentemente pagam os de igual natureza que não forem de Portugal, Algarves e Ilhas poderão ser admitidos para consumo, pagando o duplo dos direitos que pagam os de Portugal.

11º Os produtos de indústria de Portugal, Algarves e Ilhas adjacentes serão admitidos nos portos do Brasil livres de direitos, ainda mesmo para consumo. Salvo se no Brasil forem sujeitos a algum direito de consumo os produtos de igual natureza ali fabricados, porque neste caso aqueles serão sujeitos aos mesmos direitos.

12º Os produtos de indústria do Brasil serão admitidos em Portugal, Algarves, e Ilhas adjacentes livres de direitos, ainda para consumo. Salvo se em Portugal forem sujeitos a algum direito de consumo iguais produtos de sua indústria, porque neste caso

A RECOLONIZAÇÃO DO BRASIL PELAS CORTES 133

aqueles pagarão os mesmos direitos.

13º Todos os produtos da indústria estrangeira continuarão a ser admitidos no Brasil, pagando os mesmos direitos que em Portugal: os que não forem admitidos em Portugal pagarão 30% *ad valorem.*

14º As pautas que hão de fixar os valores para os direitos de consumo serão iguais, tanto em Portugal, como no Brasil, para os produtos de indústria estrangeira.

15º Os produtos de indústria estrangeira, bem como os de agricultura não especificados nos artigos 7º e 9º que forem conduzidos de portos estrangeiros diretamente para os de Portugal e Brasil nos navios portugueses, nos termos do artigo 2º, pagarão menos de um terço do que pagariam se fossem conduzidos em navios estrangeiros, salvo o Tratado de 1810.

16º Os mesmos produtos do artigo antecedente poderão ser transportados de umas para outras possessões portuguesas isentos de direitos de saída, no caso de os ter já pago para consumo; achando-se em depósito nas alfândegas poderão ser despachados para reexportação, pagando além das despesas braçais e armazéns, 1%, sem mais emolumento algum, sendo conduzidos em navios portugueses; e 4% se forem conduzidos em navios estrangeiros.

17º Os produtos de agricultura e indústria do Brasil, exportados dali em navio nacional para portos estrangeiros, serão livres de direitos por saída, do mesmo modo que vierem para Portugal; porém sendo conduzidos em navios estrangeiros, pagarão (com o fim de animar e promover a navegação nacional) o algodão 10% e os demais gêneros 6% do seu valor, à exceção da aguardente, tanto de mel, como de cana, cuja saída em estrangeiros, será livre.

18º Os mesmos produtos que se acharem em depósito nas alfândegas de Portugal e se reexportarem para portos estrangeiros pagarão de direitos de reexportação 1%, sendo em navio português e sendo em navios estrangeiros 2% sem emolumentos (nem armazéns, estando na alfândega de Lisboa); pagarão porém às companhias seus trabalhos braçais. O mesmo se praticará com os artigos

134 ANTONIO PENALVES ROCHA

de produção e indústria de Portugal e Ilhas adjacentes que se acharem em iguais circunstâncias que no Brasil.

19º Os 2% de reexportação pagos nas alfândegas de Portugal, de que se trata a primeira parte do parágrafo antecedente, são aplicados à terceira caixa dos juros dos novos empréstimos estabelecidos pelo Alvará de 7 de março de 1801 em compensação de duzentos réis por arroba que até agora pagava por entrada de algodão, em virtude do mesmo alvará, e que eram hipotecados ao segundo empréstimo.

20º Todo o tabaco do Brasil, da qualidade que for, quer em rolos e mangotes o de corda, quer em fardos o de folha, que se importar em Portugal poderá ser reexportado na mesma conformidade do artigo 18º. Não pode porém ter lugar esta livre reexportação enquanto dura o atual contrato do tabaco sem acordo com os contratadores. Mas assim deverá ser expressamente declarado na futura arrematação deste contrato.

21º As juntas administrativas do Brasil são especialmente encarregadas de empregar todos os meios para evitar relaxação que tem havido nas alfândegas na cobrança de direitos e fiscalização dos descaminhos e contrabandos.

22º Para facilitar a fiscalização prescrita no artigo antecedente, relativa a navios estrangeiros, serão somente admitidos a descarga nos portos de livre entrada.

23º São declarados portos de livre entrada no Brasil os seguintes: a cidade de Belém no Grão-Pará, S. Luís do Maranhão, a vila da fortaleza no Ceará, a cidade do Natal no Rio Grande do Norte, a Paraíba, o Recife em Pernambuco, a vila de Maceió em Alagoas, Bahia, Espírito Santo, Rio de Janeiro, Santos, ilha de Santa Catarina, e Rio Grande de S. Pedro.

24º O Governo mandará estabelecer alfândegas nestes portos e casas fiscais que julgar necessárias para o pronto expediente do comércio e boa arrecadação.

25º Se para o futuro parecer conveniente declarar de livre entrada algum outro porto do Brasil, será presente as Cortes pelo Governo a fim de se declarar por lei.

SOBRE O LIVRO
Formato: 14 x 21 cm
Mancha: 23,7 x 42,5 paicas
Tipologia: Horley Old Style 10,5/14
Papel: offset 75g/m^2 (miolo)
Cartão Supremo 250g/m^2 (capa)
1ª edição: 2009

Edição de texto
Regina Machado (Copidesque)
Adriana Bairrada e Guilherme Laurito Summa (Revisão)

Editoração Eletrônica
Eduardo Seiji Seki (Diagramação)

Impressão e Acabamento

FARBE DRUCK
gráfica e editora ltda.